365 Geschenke der Engel
Liebe, Schutz und Kraft für das ganze Jahr

Sabine Fels

Lichtdiamant-Verlag
Geschenke für die Seele

Sabine Fels

365 Geschenke der Engel

Liebe, Schutz und Kraft für das ganze Jahr

Die in diesem Buch vorgestellten Übungen sind für psychisch stabile Personen gedacht. Sie ersetzen weder ärztlichen Rat noch ärztliche Hilfe. Eine Haftung der Autorin und des Verlages sowie der anderen an diesem Buch beteiligten Personen für etwaige Schäden, die sich aus dem Gebrauch oder Missbrauch des Buches, der Übungen und Texte ergeben, ist ausgeschlossen.

1. Auflage 2016

Copyright: Lichtdiamant-Verlag, Essen
Layout: Sabine Fels

Bildrechte: Safé (S. 14), M Reel/Shutterstock.com (S. 28), Safé (S. 40), elen_studio/Fotolia.com (S. 52), Safé (S. 64), Sonia Alves-Polidori/Shutterstock.com (S. 76), Africa Studio (S. 90), Safé (S. 102), foto76/Shutterstock.com (S. 116), Lana B/Shutterstock.com (S. 128), daewoosao/Shutterstock.com (S. 140), Elena Elisseeva/Shutterstock.com (S. 152)

ISBN 978-3-945485-25-5

Alle Rechte der Verbreitung, auch durch Funk, Fernsehen und sonstige Kommunikationsmittel, fotomechanische oder vertonte Wiedergabe sowie des auszugsweisen Nachdrucks vorbehalten.

Inhalt

Freundschaft mit dem Himmel   06

    Wie Engel uns zur Seite stehen   06
    So erreicht dich deine Engelbotschaft   07
    Einstimmung auf die Botschaft der Engel   08
    Vertiefe den Kontakt mit deinem Engel   09
    Das System der Chakren   10

Kurzmeditation & Inspiration   12

    Die Engel des Januar   15
    Die Engel des Februar   29
    Die Engel des März   41
    Die Engel des April   53
    Die Engel des Mai   65
    Die Engel des Juni   77
    Die Engel des Juli   91
    Die Engel des August   103
    Die Engel des September   117
    Die Engel des Oktober   129
    Die Engel des November   141
    Die Engel des Dezember   153

Ausblick   166

Alphabetische Übersicht   168

Freundschaft mit dem Himmel

Engel gibt es in allen Kulturen der Welt. Sie sind unsere himmlische Begleitung, die nur das Beste für uns wollen. In diesem Buch findest du für jeden Tag des Jahres eine Engelbotschaft. Das kann ein motivierender Gedanke, eine kurze Meditation, eine liebevolle Bestärkung oder ein lichtvoller Segen sein.

Öffnest du dein Herz für die Geschenke der Engel, wirst du dich von ihnen geliebt, beschützt, gestärkt und verstanden fühlen. Die Engel sagen dazu:

> *Wir Engel begleiten dich dein ganzes Leben lang und noch darüber hinaus. Wir sind dir stets nah und hören dich, wenn du mit uns sprichst. Spürst du in dein Herz, wirst du leichter mit uns in Kontakt kommen. Wir unterstützen dich in deiner spirituellen Entwicklung und bei allen deinen Herzensthemen. Wir weisen dir den Weg zu einem erfüllten Leben. Es ist uns eine Freude, dich mit unserer bedingungslosen Liebe zu begleiten*

Für ein erfülltes Dasein brauchen wir die Verankerung in unser Alltagsleben genauso wie die Verbindung zu unserer Spiritualität. Engel sind dabei Vermittler zwischen Himmel und Erde. Sie schenken uns kleine und große Weisheiten sowie Anleitungen und Hinweise zu einem glücklichen Leben.

Wie Engel uns zur Seite stehen

Engel möchten uns in ihren großen Frieden führen, aus dem sie selbst leben und sich schöpfen. Aus diesem Grund laden sie uns immer wieder auf unterschiedlichen Wegen zu Entspannung und Ruhe ein.

Darüber hinaus möchten sie uns in allen Lebensbereichen hilfreich zur Seite stehen.

Sie unterstützen uns dabei, tägliche Belastungen aufzulösen und seelischen Schmerz zu heilen. Sprechen die Engel von Heilung, ist damit nicht nur die körperliche Ebene gemeint. Heilung vollzieht sich auf allen Ebenen unseres Lebens und entspringt der Sehnsucht unserer Seele nach Ganzwerdung. Die Engel möchten uns helfen, unser einzigartiges Menschsein zu entfalten. Gerne senden sie uns dazu ihren heilenden Segen. Sind wir bereit, ihn zu empfangen, kann ihre Kraft Blockaden lösen und uns emotional verwandeln.

Erleben wir Freude und Erfüllung, fühlen wir uns heil und ganz. Engel sind mit allen unseren Herzensthemen vertraut und unterstützen uns, mutig und optimistisch den richtigen Weg einzuschlagen. Sie leiten an, Mitgefühl nicht nur mit anderen, sondern vor allem mit uns selbst zu haben. Daraus kann eine warmherzige Selbstfürsorge entstehen, die es uns erlaubt, auch langjährige Muster der Überlastung zu verändern. Engel haben immer unser Glück im Blick.

Engel geben Hinweise, wie wir unseren Selbstwert stärken und schützen können, sodass es uns gelingt, uns positiv von dem abzugrenzen, was uns nicht guttut. Sie unterstützen uns, aus unserer seelischen Mitte zu leben.

So erreicht dich deine Engelbotschaft

Für jeden Tag des Jahres gibt es eine Engelbotschaft. Jede der 365 Geschenke der Engel kann dich tief berühren, wenn es die richtigen Worte zur richtigen Zeit sind. Vielleicht möchtest du dich am Morgen direkt nach dem Aufwachen von einer Botschaft inspirieren lassen. Gestalte dir mit den Engelbotschaften eine kleine Pause am Tag oder lasse ihre Botschaft kurz vor dem Schlafengehen auf dich wirken. Finde selbst heraus, welche Tageszeit dir am meisten zusagt.

Das Buch kann dir auch als ein Orakel dienen. Stell dazu eine offene Frage wie zum Beispiel:

- Was sagen die Engel zu meinem Problem?
- Was hilft mir weiter?
- Welches Geschenk haben die Engel für mich vorgesehen?

Lege eine Hand auf das Buch, wenn du deine Frage stellst. Schlage das Buch auf, und kreise mit deinem Zeigefinger über den Text in der Luft. Tipp ohne auf die Seite zu schauen auf eine Botschaft. So findest du die Antwort der Engel.

Eine weitere Möglichkeit, die passende Botschaft zu finden, besteht darin, dir nach deiner Fragestellung eine Zahl zwischen 1 - 365 auszuwählen, um dort nachzuschlagen. Es ist immer wieder überraschend, wie die Botschaften der Engel unsere eigene Perspektive erweitern können.

Einstimmung auf die Botschaft der Engel

Nach der Auswahl der Engelbotschaft, schließe für einen Moment die Augen, um ganz bei dir anzukommen. Nimm wahr, wie du mit dem Boden verbunden bist und spüre tief in die Erde hinein. Lenke deine Aufmerksamkeit sanft in dein Herz. Nun sei bereit, die Engel zu dir sprechen zu lassen.

Lies die Botschaft langsam, und halte nach jedem Satz einen Moment inne. Die Engel benutzen oft eine bildhafte Sprache, um mit uns zu kommunizieren. Nutze die Kraft deiner Vorstellung, um die Bilder der Engel umzusetzen. Höre ihre Worte auf eine Weise, dass sie direkt in deinem Herzen ankommen. Ist der Text recht kurz, kannst du auch direkt nach dem Lesen die Augen schließen, um mit deiner Aufmerksamkeit in den Segen oder in die Inspiration einzutauchen.

Lass anschließend ihre Worte noch etwas nachklingen, sodass sich dir aus der Stille heraus der Kern ihrer Botschaft erschließt. Du kannst dir dabei sicher sein, dass die Engel immer freundlich mit dir sprechen und deinem höchsten Wohle dienen. Schließe jede meditative Übung bewusst ab. Atme drei Mal durch und spüre den Boden unter dir, um dich zu erden. Nun bist du wieder bereit, dich deinem Alltag zuzuwenden.

Vertiefe den Kontakt mit deinem Engel

Unter den 365 Geschenken der Engel befinden sich Botschaften, die als Meditationen geeignet sind. Diese sind mit einem Sternchen „*" gekennzeichnet. Hast du nur wenig Zeit, verwende den oberen Ablauf. Möchtest du deine Engelerfahrungen intensivieren, dann nimm dir mehr Zeit. Je ruhiger und konzentrierter du bist, umso mehr wirst du die Wirkungen der Engel spüren können.

Schaffe dir einen angenehmen Raum, in dem du vor Störungen geschützt bist. Nimm eine aufrechte Sitzhaltung ein, in der du dich wohlfühlst, oder wähle die Rückenlage. Manche Menschen mögen meditative Musik im Hintergrund. Lies nun die Engelbotschaft durch und lege dann das Buch zur Seite. Schließe die Augen und verwende eine Entspannungs- oder eine Meditationstechnik, die dir vertraut ist, sodass Ruhe in dir einkehrt.

Hast du keine bevorzugte Technik, kannst du deine Aufmerksamkeit etwa eine Minute lang auf deinen Atem richten. Spüre den Boden unter dir und versuche, mit den folgenden drei Ausatemströmen dein Gewicht noch mehr sinken zu lassen. Stell dir nun vor, wie du mit den nächsten Ausatemströmen Alltagsbelastungen wie dunkle Schleier aus dir herausströmen lassen kannst.

Lenke nun deine Aufmerksamkeit sanft zu deinem Herzraum und lass ein Gefühl der Liebe entstehen. Stell dir deine Liebe dabei wie ein sanftes Licht vor. Lasse deine Liebe mit den folgenden Ausatemströmen durch deinen ganzen Körper fließen. Nach diesen Vorbereitungen lass die Meditation der Engel, mit der du dich vorher vertraut gemacht hast, auf dich wirken. Da die Meditationstexte recht kurz sind, wird es dir möglich sein, sie Schritt für Schritt umzusetzen.

Wichtig sind die Pausen zwischen den einzelnen Aussagen, da sich hier deine persönliche Erfahrung entfalten kann[1]. Die Engelmeditationen können sich vertiefen, wenn du den Engel um etwas bittest oder ihm eine Frage stellst.

Beende die Meditation, indem du zum Herzen zurückspürst und von hier aus deinen Körper neu wahrnimmst.

Spüre in den Boden und öffne anschließend die Augen, um dich auf eine Weise zu bewegen, die dir jetzt guttut. Gestalte einen sanften Übergang zu deiner nächsten Alltagsbeschäftigung.

Bevor nun die 365 Geschenke der Engel folgen[2], wird kurz das Konzept der Chakren erläutert, da darauf in manchen Engelbotschaften Bezug genommen wird.

Das System der Chakren

Eine Quelle des Chakrensystems ist die indische Philosophie, die den Menschen als ein Energiefeld mit unterschiedlichen Graden der Dichte beschreibt. Der physische Körper wird dabei als der Körper mit der größten Dichte gesehen. Daran schließen sich unterschiedliche feinstoffliche Körper an, welche als Aura bezeichnet werden. In diesem Feld aus feinen Energien sind die Chakren eingelagert. Chakra bedeutet Rad; darunter kannst du dir eine Energieverteilungsstelle vorstellen. Es gibt sieben große Chakren, die unterschiedlich bezeichnet werden. Ich habe sie nach ihrer Lage im Energiesystem benannt und charakterisiere sie nur soweit, wie es der Verständlichkeit der Engelbotschaften dient.

- **Das Kronenchakra** befindet sich auf dem Haupt und öffnet sich nach oben. Darüber haben wir eine Verbindung mit unserer spirituellen Führung.

- **Das Stirnchakra** öffnet sich nach vorn und hinten und verbindet uns mit unserem Denken, einer ganzheitlichen Wahrnehmung und der Meditation.

- **Das Halschakra** öffnet sich nach vorn und hinten und steht für unseren kreativen Ausdruck.

- **Das Herzchakra** strahlt aus der Mitte des Brustkorbs nach vorn und hinten und verbindet uns mit Gefühlen des Friedens und der bedingungslosen Liebe.

- **Das Solarplexuschakra** strahlt auf der Höhe des oberen Bauchs nach vorn und hinten. Es beinhaltet Themen der Persönlichkeitsentwicklung und der Beziehung zur Welt.

- **Das Sakralchakra** strahlt auf der Höhe des unteren Bauches nach und nach hinten und steht für unseren emotionalen Reichtum. Dabei kommt dem Konzept des inneren Kindes eine besondere Bedeutung zu. Unter dem inneren Kind wird der Teil unserer Vergangenheit verstanden, der entweder verletzt wurde und unserer liebevollen Unterstützung bedarf oder uns mit den Aspekten von Spiel und natürlicher Neugierde verbindet.

- **Das Wurzelchakra** leuchtet aus der Höhe des Beckenbodens nach unten. Es beinhaltet Themen materieller Versorgung und des Vertrauens ins Leben.

---

[1] Auf www.lichtdiamant-verlag.de findest du unter diesem Buchtitel eine Audio-Datei mit einer Engelbotschaft aus diesem Buch sowie Videos mit Engelmeditationen aus anderen Büchern.
[2] Längere Engelmeditationen findest du in meinen Büchern, Das heilende Licht der Engel - Ein Arbeits- und Meditationsbuch sowie in 111 Engel - Heilsame Impulse für einen spirituellen Alltag.

Kurzmeditation & Inspiration

So unterschiedlich wie das Leben selbst sind die Botschaften der Engel. Liest du jeden Tag eine Botschaft und nimmst sie mit in deinen Alltag, wird dir die Begleitung der Engel selbstverständlicher werden. Im Laufe der Zeit wird deine Konzentrationskraft wachsen, und es wird dir leichter gelingen, mit den Engeln in Verbindung zu kommen.

Die Engel sprechen meistens in der Wir-Form, wodurch sie deutlich machen, dass sie keine Einzelwesen sind und mit allen anderen Engeln in Verbindung stehen. Auch wenn sich manchmal religiöse Symbole in den Engel-botschaften befinden, richten sie sich doch an alle Menschen, die sich für ihre Unterstützung öffnen möchten.

Die Engelbotschaften wurden an manchen Stellen mit praxisorientierten Anregungen oder vertiefenden Fragen ergänzt. Die kursive Schrift zeigt einen Text in der Ich-Form an, der stärkende Aussagen enthält. Am Ende des Buches findest du eine alphabetische Übersicht aller Engelgeschenke.

Wichtiger Hinweis

Sicherlich können die Engel viel für deine Heilung und Entwicklung tun. Die Kurzmeditationen und Inspirationen ersetzen jedoch keine medizinische oder psychotherapeutische Versorgung. Fühlst du dich körperlich oder seelisch erkrankt, dann suche bitte professionelle Hilfe auf. Sprich mit deiner Ärztin/deinem Arzt und begib dich in eine medizinische oder therapeutische Behandlung. Brich keine Behandlung ab, noch zögere sie hinaus.

Achte auf deine inneren Impulse.
Vertraue deiner Klarheit.
Geh deinen eigenen Weg.

Januar

1 Engel unterstützen dich 01. Januar

Du kannst jederzeit in Alltagssituationen deine Hand ausstrecken, und wir Engel werden sie erfassen. Wir können in jeder Situation links und rechts neben dir sitzen oder dir über deinen Rücken streichen, sodass du dich mit Leichtigkeit aufrichten kannst.

Wir Engel geben dir gerne diese Unterstützung, damit es dir leichter fällt, auf deine ganz eigene Weise mit deiner Schönheit in die Welt hineinzuwirken und dem Kostbaren, das du der Welt zu geben hast.

2 Ruhepausen 02. Januar

Wir Engel möchten dich gerne mit einem klaren Kopf sehen und mit einem freundlichen Herzen, das vertrauensvoll in die Zukunft blickt. Nimm dir also immer wieder ein bisschen Zeit, um Ruhe zu finden.

Atme in diesen Ruhepausen etwas tiefer und finde über das Erleben deines Atems wieder zu dir. Lass jetzt alle Verpflichtungen ruhen und erlaube dir, in den Augenblick zu kommen, in dem es nur dich gibt und den Stuhl, auf dem du sitzt. Gönne dir so einige Atemströme voller Stille.

Diese verpflichtungsfreie Zeit kannst du fünf Minuten lang in der Küche finden oder eine halbe Stunde auf dem Sofa.

Diese Zeit ist nur für dich da, um dich selbst in den Arm zu nehmen und dich daran zu erinnern, dass du ein freundliches Herz hast, das es dir gönnt, zu ruhen.

3 Herzenswünsche aussprechen 03. Januar

Engel des Herzens: Sprich deine Herzenswünsche aus. Das kann ein Teil deiner neuen Kommunikation werden, denn du solltest deine Wünsche nicht für dich behalten. Sprich sie jetzt mir gegenüber aus. *Meine Herzenswünsche sind ...*

Sprich über sie mit vertrauten Menschen. Dadurch wird deine Motivation steigen, sie in die Tat umzusetzen. Fühle dich von uns Engeln gesehen und angenommen mit dem, was du dir von Herzen wünschst.

4 Diamant 04. Januar

Wir Engel schenken dir einen glitzernden Diamanten. Wir legen ihn sanft in dein Stirnchakra. Mit ihm können deine Gedanken leichter ausklingen, sodass es still in dir wird, ganz still.

Betrachte heute immer wieder deine Situation, so wie sie ist, aus dieser Stille heraus.

Anregung: Durch die Ausrichtung deiner Aufmerksamkeit auf den Diamanten aktivierst du ihn. Nutze die ersten Male dieses Geschenk, wenn du allein bist. Bist du damit vertraut, kannst du auch in Begegnungen mit deinen Mitmenschen den Diamant für eine kurze Zeit aktivieren, um alles, was um dich herum geschieht, aus der Stille heraus zu betrachten.

5 Glückskind* 05. Januar

Engel des Glücks: Ich segne dich mit kleinen leuchtenden Sternen. Sie berühren sanft deine Haut und dabei verstärkt sich ihr Leuchten.

Gerne lasse ich weitere Glückssterne in deine Chakren regnen, vor allem in dein Sakralchakra, sodass deine Alltagsgefühle Platz machen, für ein zartes Glücklichsein.

Entdecke dabei das innere Kind in dir, das glücklich sein möchte. Heute ist die Zeit gekommen, deinem Glückskind Raum zu geben, sodass es sein inneres Licht in die Welt strahlen kann.

Sende ihm deine Liebe und frage dein inneres Kind nach seinen Wünschen. Gib ihm den Raum in deinem Leben, den es braucht, um glücklich zu sein.

6 Die Liebe der Mutter Erde* — 06. Januar

Wir Engel schaffen dir eine neue Verbindung zur Mutter Erde, indem wir jetzt dein Energiefeld tief im Boden verankern. Wir bitten dich, die Liebe der Mutter Erde zu empfangen und sie durch dich hindurchströmen zu lassen. Erfahre diesen Strom von den Füßen durch die Beine in deinen Bauch, wo du einen Moment mit deiner Aufmerksamkeit verweilen kannst.

Lass anschließend die Liebe der Mutter Erde weiter aufsteigen und dein Herz erwärmen, sodass alle kühlen Strukturen der Angst sich in dieser wohltuenden Energie lösen können. Lass auch deine Schultern von innen warm werden und die Muskulatur sich entspannen. Die Liebe der Mutter Erde fließt durch deine Arme und Hände und erwärmt sie.

Sie strömt von deinem Herzen in deinen Hals, damit du deine Fähigkeiten mit passenden Worten in die Welt bringen kannst. Sie strömt in deinen Kopf und noch darüber hinaus hoch zum Himmel. Mutter Erde liebt dich.

Anregung: Sende einen Dank zu Mutter Erde.

7 Mut — 07. Januar

Liebe macht Mut.

Frage: Was bedeutet diese Aussage für dich in den unterschiedlichen Situationen deines heutigen Tages?

8 Erschöpfung heilen   08. Januar

Sonnengelber Engel: Ich kann dich dabei unterstützen, deine Erschöpfung zu heilen. Doch zuvor lass uns auf die Gründe deiner Erschöpfung schauen. Wie hast du dich erschöpft? Welche Möglichkeiten siehst du, diesen Weg zu verlassen?

Nimm wahr, wie ich dir deinen mittleren Rücken stärke, indem ich meine sonniggelben Engelhände auf deine Nieren lege, sodass sie mit neuer Lebensenergie aufgefüllt werden. Erlebe, wie deine Nieren und Nebennieren zu leuchten beginnen und wie dadurch Fröhlichkeit und Kraft in dir einziehen können. Erlebe, wie sich das auf deinen ganzen Körper auswirkt.

9 Das Leben gestalten*   09. Januar

Erzengel Gabriel: Ich weite den Raum um dich, fülle ihn mit blauweißem Licht des Himmels. Genieße die entstehende Weite um dich herum, die dich einlädt aufzuatmen. Mit diesem freien Raum um dich herum kannst du dich wieder leicht, frei und wohl fühlen.

Mache dir bewusst, dass du die Gestalterin/der Gestalter deines Lebensraumes bist. Du kannst dir soviel Freiheit verschaffen, wie es dir guttut und angemessen ist, um dich wohlzufühlen. Dieser Freiraum kann von keinem anderen Menschen besetzt werden, wenn du es nicht erlaubst.

Genieße die Himmelsweite, die dich gleichzeitig fest am Boden stehen lässt.

10 In Freundlichkeit baden*   10. Januar

Engel der Freundlichkeit: Ich schenke dir meine bedingungslose Aufmerksamkeit und nehme dich so an, wie du bist.

Ich lade dich ein, in meinem Licht zu baden. Meine Freundlichkeit ist wie ein warmes, gelborangefarbenes Licht.

Tauche hinein und genieße dein Bad.

Anregung: Bitte den Engel der Freundlichkeit zu dir, wenn du Stress erlebst. Er wird dir mit seinem Licht helfen, dich zu beruhigen und freundlich zu dir selbst zu bleiben.

11 Lichtspeer 11. Januar

Wir Engel schenken dir einen Lichtspeer. Halte ihn in einer Hand und erlebe, wie er Himmel und Erde verbindet.

Die Kraft des Speers wird dich dabei unterstützen, dich in deiner ganzen Größe aufzurichten. So wird es dir leichter fallen, dich aus deiner alltäglichen Belastung herauszulösen und in deine Kraft zurückzugelangen. Triff aus diesem Bewusstseinszustand eine Entscheidung, was als nächstes zu tun ist.

Anregung: Verbinde dich heute mehrmals mit deinem Lichtspeer und erlebe dich in deinem Aufgerichtetsein.

12 Die violette Flamme* 12. Januar

Wir Engel senden dir die violette Flamme der Transformation. Sie wird dir helfen, Sorgen, Blockaden und alles andere, das dich daran hindert dich weiterzuentwickeln, in reine Energie zu verwandeln. Öffne dich für diese Flamme, wenn du bereit bist, den Weg der Verwandlung zu gehen. Lass dein ganzes Energiefeld zehn Atemströme lang von der violetten Flamme durchbrennen.

Wir Engel danken dir für diese Wandlung, die jetzt zu deinem höchsten Wohle geschieht.

13 Sonnenkugel* 13. Januar

Wir Engel möchten dich dabei unterstützen, dich zu entlasten. Dazu senden wir dir einen Sonnenstrahl durch dein Solarplexuschakra in die Mitte deines oberen Bauches. Wir führen diesen Lichtstrahl in einer spiralförmigen Bewegung von innen nach außen, damit sich die Belastungen in deinem Energiefeld wie dunkle Schatten lösen können. Nimm dir Zeit zu spüren, wie sich Dunkelheit, Druck, Anspannung oder Unruhe auflösen.

Wir legen dir eine kleine Sonnenkugel in deinen Bauch, damit sie diesen Bereich mit Kraft füllt. Lass deine innere Sonne von hier aus nach vorn, nach hinten und auch zu den Seiten scheinen. Auf diese Weise stärkst du deine persönliche Kraft, mit der du deinen Alltag in den nächsten Tagen gut bewältigen kannst.

14 Wahrheit des Herzens 14. Januar

Erzengel Gabriel: In deinem Herzen findest du stets die Wahrheit. Sprichst du deine Wahrheit aus, gehst du den Weg der Kraft. Stärke dich selbst, indem du zu dir und deiner Wahrheit stehst. Liebe deine Wahrheit, denn sie weist dir den Weg.

15 Das Kostbare 15. Januar

Das Kostbare, das du der Welt zu geben hast, ist nicht deine Bereitschaft zu helfen oder liebevolle Ratschläge zu erteilen. Es ist vielmehr dein Sein. Du selbst bist das Kostbare. Werde dir deines kraftvollen Lichts aus deiner Tiefe heraus bewusst.

16 Stärken und Schwächen 16. Januar

Deine Schwächen gehören genauso zu dir wie deine Stärken. Beide sind untrennbar miteinander verbunden.

Wenn du das anerkennst und in deine Liebe nimmst, wirst du gelassen und von Ruhe durchströmt werden.

Fragen: Welche Schwächen kannst du noch mehr in deine Selbstliebe nehmen? Welche Stärken verbergen sich in diesen Schwächen?

17 Herzensentscheidungen   17. Januar

Du hast jeden Tag viele Entscheidungen zu treffen. Manchmal nimmst du die Entscheidungssituationen gar nicht mehr bewusst wahr, weil du aus Gewohnheit handelst. Wir Engel laden dich heute ein, vor jeder Entscheidung einen Moment innezuhalten.

Nimm dein Bedürfnis wahr, indem du dich fragst: *Wie fühle ich mich jetzt? Welches Bedürfnis habe ich?* Lenke deine Aufmerksamkeit anschließend in den Raum deines Herzens und verweile hier einen kleinen Moment. Triff deine Entscheidungen aus deinem Herzen.

18 Belastungssteine lösen*   18. Januar

Löse dich immer wieder von deinen Sorgen, damit du frei und unbeschwert durch dein Leben gehen kannst. Jeder sorgenvolle Gedanke wird zu einem kleinen Stein, der sich in deinem Energiefeld festsetzt und deine Aura verdunkelt. Nimm wahr, wo sich diese kleinen Steine in deinem Energiesystem befinden.

Durch unsere heilenden Schwingungen, die wir dir jetzt senden, wird es dir leicht fallen, diese Steine loszulassen. Lass es zu, dass wir sie mit einem sanftem Schwung unserer Flügel herausfegen.

Auf diese Weise wird dein Licht strahlender. Es strömt intensiver von deinem Herzen durch die Arme in deine Hände. Spüre die sanfte Schaffenskraft, die sich dadurch in deinen Händen bildet. Sie unterstützt dich in deinem Alltag, den Weg vor dir freizuräumen.

19 Dein Wohlergehen   19. Januar

Nimmst du die Liebe von uns Engeln an und öffnest dich für die Liebe zu dir selbst, dann wirst du dich in allen Situationen besser und sicherer fühlen als zuvor und es wird dir wohlergehen.

20 Fülle erleben   20. Januar

Du bist streng zu dir gewesen, doch jetzt kannst du wieder locker werden. Du hast auf etwas verzichtet, weil du dachtest, es würde dir nicht zustehen. Doch jetzt kannst du wieder deine Hände in die Fülle hinein ausstrecken.

Erlaube dir wieder die Fülle zu sehen, die dich umgibt. Greife hinein und nimm das, was du brauchst. Genieße dein Leben.

21 Werde milde   21. Januar

Liebe Freundin/lieber Freund, verurteile dich nicht. Werde milde mit dir. Wir Engel sind es auch. Wir betrachten dich mit den Augen der Liebe.

Bitte lass auch du die Liebe in deinem Leben walten, denn die Liebe löst jedes Urteil auf und lässt dich das Leben so erleben, wie es ist. Unendlich schön.

22 Mit Leichtigkeit   22. Januar

Engel der Leichtigkeit: Stoße dich heute bei jedem Schritt mit einem Fuß etwas vom Boden ab, damit dein Gang zu federn beginnt. Schenke heute allen Menschen, denen du begegnest, ein Lächeln. Stell dich innerlich darauf ein, dass dir die Dinge leicht von der Hand gehen.

Bewege dich auf diese Weise mit Leichtigkeit durch den Tag. Möge er mit Freude erfüllt sein.

23 Körperliche Bewegung   23. Januar

Manchmal löst der Gedanke an Sport oder körperliche Bewegung einen Widerstand bei dir aus. Es geht nicht darum, dich in ein sportliches Programm hineinzupressen oder etwas zu tun, was dir nicht gefällt. Vielmehr möchten wir Engel dir nahelegen, dass du die Bewegung findest, die dich körperlich wie seelisch entlastet.

Der Schlüssel zu einem ganzheitlich zufriedenen Leben liegt nicht allein in deiner Spiritualität begründet. Vor allem in der Bewegung bejahst du deine Körperlichkeit. Du machst positive Erfahrungen mit deinen Grenzen und baust auf diese Weise mehr Selbstsicherheit auf.

Wahre Selbstsicherheit gründet sich auch in deinem Körper.

Frage: Welche Bewegungsmöglichkeit entlastet dich und macht dir Freude?

24 Goldenes Licht*   24. Januar

Engel des goldenen Lichts: Rufst du mich, entfalte ich ein warmes, goldenes Feld um deinen Körper. So breitet sich sanftes Licht in deiner Aura aus, bis sie ganz davon durchtränkt ist. Auf diese Weise können sich deine Anspannungen lösen, sodass du dich nach einer Weile ruhig, wach und geborgen fühlen kannst. Du bist in meinem Segen.

25 Liebenswert sein   25. Januar

Aus dir heraus bist du wertvoll und liebenswert. Um liebenswert zu sein, brauchst du weder an dir zu arbeiten, noch dich anzustrengen. Akzeptiere dich mit deinem Liebenswertsein, so wie du bist.

Es ist wichtig, dir dein Liebenswertsein zu vergegenwärtigen, dich wertvoll zu fühlen und dich an dein inneres heiliges Strahlen anzuschließen.

Liebe ich mich, bin ich vollkommen versöhnt mit meinem Leben.
Alles um mich herum wird leicht, hell und voller Freude.

26 Lebensbaum 26. Januar

Der Engel des Baumes: Jeder Mensch hat einen Lebensbaum. Gerne verbinde ich dich mit deinem Baum, der jetzt hinter dir steht. Spüre nach unten in die Erde zu den Baumwurzeln, die auch deine Wurzeln sind.

Bist du mit deinen Wurzeln verbunden, dann wird es dir leicht fallen, dich für das zu entscheiden, was für dich das Beste ist.

Aus meinen Wurzeln heraus gestalte ich mein Leben wie es für mich gut ist.
Über meine Wurzeln wachse ich nach oben, hoch ins Licht.

27 Grenzen beachten 27. Januar

Du hast natürliche Grenzen, die auf deiner Persönlichkeit und deinem Befinden basieren. Mach sie dir heute bewusst. Entwickle eine feine Wahrnehmung dafür, wann dir im Alltag etwas zu viel oder zu wenig ist.

Hast du deine Grenzen klar im Blick und stehst freundlich für sie ein, bleibst du auch unter schwierigen Bedingungen in deinem seelischen Gleichgewicht.

Beachte deine Grenzen.

28 Frieden schenken* 28. Januar

Engel des Friedens: Ich bringe Frieden für dich und die Welt. Sanft berühre ich dein Kronenchakra und lasse friedvolle Energien in dich einströmen, die von hier aus dein ganzes Sein durchströmen bis tief in die Erde. Nimm dir Zeit, diesen Frieden in dir wirken zu lassen, denn du bist ein wichtiger Teil der Welt. Nun sei mit mir gemeinsam eine Friedensgeberin/ein Friedensgeber.

Violettes Licht strömt vom Himmel in dich ein und fließt durch dein Stirnchakra in die Welt. Durch dich wird die hohe Schwingung des kosmischen Friedens mit einer menschlichen Qualität versehen, wodurch es viele Menschen leichter haben, sich von diesem Licht des Friedens berühren zu lassen. Ich danke dir für deinen Dienst.

29 Überforderung erkennen und lösen 29. Januar

Liebe Seele, es braucht Zeit und Hingabe, dich von deinen Überforderungsmustern zu lösen. Wir Engel sehen, dass du für einen nächsten Schritt bereit bist. Erkenne in unserem Segen, dass nicht nur deine Mitmenschen sich Aufmerksamkeit von dir wünschen, sondern dass du eine liebevolle Achtsamkeit dir selbst gegenüber brauchst. Finde einen liebevollen Umgang mit deinen Bedürfnissen.

Liebe Seele, wir berühren dich sanft an deinen Schultern und wir bitten dich dabei, unsere Liebe wahrzunehmen. Löse deine Härte dir selbst gegenüber in unserer Liebe auf. Schaue mit uns gemeinsam auf dein überfordertes, früheres Ich und schenke dir selbst Verständnis und Vergebung. Es ist Zeit, deine Bedürfnisse anzuerkennen.

30 Verbindung mit den Lichtreichen* 30. Januar

Vom Himmel her strahlen wir unser kosmisches Licht zu dir. Mach dir in unserem Licht bewusst, dass deine Aura ein feines Gewebe ist, das von Lichtkanälen durchzogen ist. Über diese Lichtkanäle bist du mit verschiedenen Lichtreichen verbunden, die sich in unterschiedlichen Farben zeigen.

Diese Lichtreiche sind große universelle Felder der Liebe, der Heilung, des Friedens und der Transformation. Erlaubst du es, durchweben sie dich und nähren dich mit hoher, schwingender Energie. Öffnest du dich aus deiner Stille heraus für diese Wahrnehmung, findet Heilung auf allen Ebenen deines Lebens statt.

31 Wünsche sind wie Edelsteine   31. Januar

Du wendest deinen Kopf in alle Richtungen und suchst den Weg, der in die Fülle führt. Nimm wahr, dass deine Wünsche, die dir Orientierung geben könnten, sind tief in deinem Herzen verborgen. Sie liegen dort wie kostbare Edelsteine. Nimm einen Edelstein nach dem anderen aus deinem Herzen in deine Hand und lass sie in der Sonne funkeln.

Du hast nicht nur Begabungen und Fähigkeiten, um diese Wünsche wahr werden zu lassen, du verfügst auch über Geduld und Ausdauer, damit sie Wirklichkeit werden können. Öffne Herz und Hand und lass das, was du dir wünschst, zu dir kommen.

**Mit deinem Humor
überwindest du
jedes Hindernis.**

Februar

32 Das Tor zum Glück   **01. Februar**

Lass dich durchströmen von unserem leuchtenden tiefen Blau, das vom Kopf bis durch die Füße in die Erde fließt. Deine spirituelle Aufgabe ist nicht nur mitzuhelfen, die Welt heller und schöner zu machen, sondern auch dir selbst zu dienen. Diene dir, indem du dich selbst glücklich machst.

Wir haben vor dir das Tor zum Glück weit geöffnet. Bist du bereit hindurchzugehen?

Frage: Wie kannst du heute deinem Glück dienen?

33 Loslassen und vertrauen   **02. Februar**

Loslassen ist ein natürlicher Prozess. Lass los in deinen Schultern, in deinem Gesicht und überall da, wo du noch Spannung spürst.

Hast du losgelassen, wirst du dadurch nicht schwächer werden. Deine Stärke bleibt in dir, denn sie ist weiterhin in deinen Muskeln, in deiner Reaktionsgeschwindigkeit, in deiner Intelligenz und in deiner Kommunikationsfähigkeit da.

Du wirst nicht schwach, wenn du loslässt, sondern du kehrst in deine Stärke zurück, die darauf basiert, dir selbst zu vertrauen.

34 Herzensgaben   03. Februar

Bring deine Gaben nicht zu Menschen, die verschlossen dafür sind. Werde dir bewusst, dass deine Gaben wertvoll sind.

Streue Samenkörner nur dort aus, wo der Boden bereitet ist. Wir Engel wünschen uns für dich, dass du deine Herzensgaben weiterhin gerne mit Menschen teilst, die dir mit Dankbarkeit und einem Lächeln antworten.

Frage: Wer nimmt in deinem Umfeld das an, was du mit Freude gibst?

35 Sich selbst Sicherheit geben   04. Februar

Es ist völlig in Ordnung, manchmal Angst zu haben oder unsicher zu sein. Es ist nur wichtig, dass du dich selbst damit annimmst und einen Weg in eine größere Stabilität findest. Weiche nicht vor bestimmten Aufgaben zurück, sondern geh sie in kleinen Schritten an. Lerne, dir selbst eine gute Freundin/ein guter Freund zu sein und kümmere dich liebevoll um dein Bedürfnis, dich sicher zu fühlen. Dabei kannst du auch andere Menschen um Hilfe bitten.

36 Alterslos   05. Februar

Löse dich vollkommen von dem Bild eines älteren Menschen, der im Laufe der Zeit in seiner Kraft schwächer wird. Lass dieses Bild in der göttlichen Sonne des Seins verbrennen.

Öffne dich stattdessen für das Kind in dir, für das Neue und das Neugierige, das sich jetzt in dir ereignet. Auch wenn dein Körper älter wird, ist doch dein inneres Kind alterslos. Es hat Lust am Leben und möchte ständig etwas Neues entdecken. Lebe mit deinem freien und fröhlichen Kind in der Zeitlosigkeit des Augenblicks.

Frage: Was möchte dein inneres Kind gerne unternehmen?

37 Kraft der Visualisierung 06. Februar

Engel der Kreativität: Löse dich von deinen Alltagsgedanken und nutze die Kraft der Visualisierung, um etwas Schönes ins Leben zu bringen. Löse dich in der Visualisierung vollkommen von den Einschränkungen deines Verstandes.

Wenn du Situationen visualisierst, die du gerne erleben möchtest, erfülle sie mit seelischer Kraft, positiver Erwartung und Freude am schöpferischen Gestalten selbst. Du kannst dir sicher sein, dass wir Engel mit unserem Segen dabei sind.

Dein Verstand kann dabei ein guter Hüter deiner Lebensenergie sein, indem er darauf achtet, dass du dich im Alltag mit all deinen Plänen nicht überforderst. Zur gleichen Zeit können deine Projekte, Ideen, Träume und Sehnsüchte in höheren Dimensionen wachsen, bis sie wie reifes Obst von den Bäumen fallen. Fühle dich gesegnet im unendlichen Fluss der Schöpfung.

Anregung: Visualisiere eine erfüllende Situation mit allen deinen Sinnen.

38 Neubeginn 07. Februar

Eine Weile konntest du das Lied der Zuversicht und Freude nicht mehr singen. Lass jetzt wieder den zwitschernden Vogel in dein Herz, der dir neue Lieder singt. Erkenne, dass dein Schmerz vorbei ist. Sei bereit, die Lücke, die durch einen Verlust entstanden ist, mit dem Gesang des Vogels zu füllen, mit dem reinen Klang deiner eigenen Seele.

Wir Engel unterstützen dich dabei, dein Leben wieder vollkommen mit deiner Liebe und deinem Licht auszufüllen.

Anregung: Je vertrauter es dir wird, dir selbst Liebe zu schenken, umso leichter wirst du Menschen in dein Leben ziehen, die dich lieben.

39 Spontanheilung   08. Februar

Du bist geheilt.

Anregung: Lass dich heute von der Affirmation begleiten: Ich bin geheilt. Ich bin gesund. Ich bin glücklich.

40 Achtsamkeit   09. Februar

Engel der Achtsamkeit: Lass heute eine feine, leicht gesteigerte Aufmerksamkeit in alle deine Aktivitäten und auch in deine Passivität fließen. Achtsamkeit ist die Grundlage der Liebe dir selbst gegenüber und der Liebe zu deinen Mitmenschen. Geh heute den Weg der Achtsamkeit nach innen und nach außen.

Anregung: Manchen Menschen hilft es, die Uhr zu stellen, die in bestimmten Abständen ein Signal gibt, um aus der Alltagsroutine aufzuwachen und achtsam wahrzunehmen, was gerade geschieht.

41 Im Einklang   10. Februar

Jeder Mensch hat eine weibliche und eine männliche Seite. Bist du bereit, diese beiden Seiten gleich zu beachten, wird eine neue Balance in deinem Alltagsleben entstehen. Liebe deine weibliche Seite mit ihrem sensitiven Sein, mit ihrer Sanftheit und Empfänglichkeit. Liebe deine männliche Seite mit ihrer nach vorne gerichteten Kraft, mit ihrem gestaltenden Potenzial und der Fähigkeit, für Grenzen einzustehen.

Bring deine männliche Kraft nach außen, sodass du stark und souverän auftrittst. Beachte dabei die Impulse deiner weiblichen Seite, die dir stets sagt, was für dein Herz und für dein Wohlbefinden richtig ist. Durch unseren Segen, der jetzt in dir links und rechts einströmt, können beide Seiten sich harmonisch zueinander ausrichten und in einen vollkommenen Einklang zurückfinden.

Mein Herz ist bereit für die Vermählung der männlichen Energie mit der weiblichen Energie. Beide verbinden sich jetzt in der Mitte meines Herzens und werden eins.

42 Reise zu den Sternengeschwistern*　　　　　　　　11. Februar

Verbinde dich tief mit der Erde, denn je tiefer du dich nach unten verbinden kannst, umso höher kannst du dich in den Himmel aufschwingen, wo deine Sternengeschwister auf dich warten. Dein Herz wird dabei zum Sender und zum Empfänger für die Kommunikation mit deinen Schwestern und Brüdern des Lichts. Lass deine Wahrnehmung ganz fein werden, damit du ihre Anwesenheit spüren kannst oder um ihre Gegenwart weißt.

Erlebe, wie du mit ihnen in einem Kreis stehst und ihr gemeinsam vom Himmel auf die Erde schaut. Hand in Hand schafft ihr ein goldenes Lichtfeld, das jeden von euch heilt und stärkt. Von diesem goldenen Lichtfeld ganz durchdrungen sendet ihr einen starken Lichtstrahl zur Erde hinunter. Dieser Lichtstrahl umhüllt die Erde, sodass ihre Aura heilt und gestärkt wird. Nimm die Freude wahr, die so entsteht.

Nun löse dich allmählich aus der Reihe deiner Sternengeschwister und kehre in deinen materiellen Körper auf die Erde zurück. Geh deinen weiteren Weg voller Freude.

43 Ein Ass auf der Hand　　　　　　　　　　　　　12. Februar

Du wünschst dir zu vertrauen, dich fallen zu lassen, dich geborgen zu fühlen und angenommen zu werden. Erkenne bitte an, dass du nicht am Anfang dieses Weges stehst, sondern bereits einiges erreicht hast.

Die Tür zu Weiterem ist geöffnet und die neue Orientierung hast du schon wie ein Ass auf der Hand. Spiel es aus, indem du dem folgenden Pfad folgst:

Jetzt atme ich ein und lasse ausatmend geschehen.

44 Selbstfürsorglichkeit　　　　　　　　　　13. Februar

Engel der Fürsorge: Ich bin der Engel, der dich liebt. Ich erinnere dich daran, dir eine Decke zu holen, wenn dir kalt ist. Ich mache dich darauf aufmerksam, wenn dir in einer Situation etwas zu viel wird.

Erhörst du mich, führe ich dich immer wieder zurück in deine eigene Mitte. Lass meine Liebe wie eine warme, flauschige Decke um dich herum sein, sodass du dich beschützt fühlst und dich entspannen kannst.

Bleibe mit meiner Hilfe in der aktiven Fürsorge dir selbst gegenüber. Sie ermöglicht dir authentisch zu sein. Lass mich dich umhüllen mit dem Geist der Selbstfürsorglichkeit, mit dem ich dich jetzt segne.

45 Göttlicher Tanz　　　　　　　　　　14. Februar

Sei bereit, das Prinzip der tanzenden Göttin in dir zu erwecken. Die Göttin ist durchströmt von Licht und leuchtet in allen Farben in ihrer wunderbaren Form. Spüre dich in deiner physischen Form und tauche anschließend in den Körper der tanzenden Göttin ein.

Weite dich in ihr strahlendes Licht, in ihre Beweglichkeit und in ihre Freude hinein. Tanze. Spiele mit dem Licht. Tanze die Göttin, die den Segen auf die Welt bringt.

Anregung: Wähle dir dazu eine Musik aus, die du magst. Beende nach einer Weile diesen Tanz, indem du dich tief mit dem Boden verbindest.

46 Maßhalten　　　　　　　　　　15. Februar

Lieber Mensch, wir wissen, dass es dir manchmal schwerfällt, in einem deiner Lebensbereiche Maß zu halten. Wir möchten dich dabei unterstützen, in dein rechtes Maß zurückzukehren. Zu deiner Unterstützung setzen wir dir das Bild der Sanduhr in dein Solarplexuschakra.

Im unteren Bereich der Sanduhr nimmst du auf. Und wenn du genügend aufgenommen hast, wird die Sanduhr herumgedreht, und du lenkst deine Aufmerksamkeit auf die obere Hälfte, die an Fülle verliert. Es geht bei dem Thema Maßhalten um das Prinzip von Fülle und Leere. Du hast ein Recht darauf, dich zu füllen, sei es mit Essen, Spielen oder anderen Arten des Vergnügens.

Doch anschließend geht es um die Zeit des Leerens und der Erfahrung der Ruhe, damit die aufgenommenen Eindrücke auf eine rechte Weise verarbeitet werden können.

Das ist der gesunde Rhythmus, den wir dir mit diesem Bild zurückgeben möchten. Fülle und Leere dürfen sich auf eine gesunde Weise abwechseln.

Anregung: Benenne deinen Lebensbereich, der aus der Balance geraten ist. Visualisiere im Alltag die Sanduhr in deinem dritten Chakra und mach dir bewusst, ob die Zeit des Füllens oder des Leerens gekommen ist.

47 Seelensturm   16. Februar

Sorge dich nicht, wenn es stürmisch in deiner Seele wird, denn der Sturm erprobt deine innere Stärke. Er erprobt die Aufrichtigkeit deinen Werten entsprechend zu leben.

Wir Engel sehen dich in dem Bemühen, in den Stürmen des Lebens aufrecht zu bleiben, stark und beständig in dem, was du aus deiner Seele heraus für gut befindest. Wir segnen deinen Weg und stehen an deiner Seite.

48 Regenbogenlicht*   17. Februar

Engel des Regenbogens: Ich sende dir mein vielfarbiges weiches Licht. Lass mich dich damit sanft umhüllen und deine Belastungen aus deiner Aura herauswaschen. Verweile einige Minuten in meinem Licht. Nimm wahr, welche Farbe meines Spektrums dir besonders guttut. Ist es rot, orange, gelb, grün, blau oder violett?

49 Entscheidungsfrei 18. Februar

Wir Engel sagen dir: Du bist ganz. Du bist heil. Die Erde und der Himmel sind deine Heimat. Du brauchst dich nicht für eines zu entscheiden. Dein menschliches Potenzial und das göttliche Potenzial sind eins.

Alles ist vollkommen - in diesem Augenblick.

50 Harmonie mit anderen 19. Februar

Bist du mit anderen Menschen zusammen, wähle heute die Kontakte, in denen es Freude, Leichtigkeit und Harmonie gibt. In diesen Qualitäten gibt es ein natürliches Geben und Nehmen, über das du dir keine Gedanken zu machen brauchst. Bist du mit anderen Menschen in Leichtigkeit, Harmonie und Freude verbunden, gibt es kein Unten und kein Oben. Es gibt nur diesen Moment und die Freude an der Begegnung.

Frage: Welche Menschen tun dir heute gut?

51 Zärtliches Herz* 20. Februar

Wir Engel wissen, dass dein Herz etwas weicher werden möchte, indem es sich von Einengungen der Vergangenheit befreit. Wenn du bereit bist, entfernen wir achtsam, angemessen und voller Respekt ein Energieband, das dein Herz umschließt.

In dem Moment, in dem es Zentimeter für Zentimeter gelöst wird, kann dein Herz wieder weicher und flexibler werden. Es kann sich weiter ausdehnen in seiner Zartheit und rhythmischen Kraft.

Dein Herz möchte zärtlich sein. Es möchte in zärtlicher Aufmerksamkeit strahlen für dich selbst, für deinen Körper, für dein Älterwerden, deinen Beruf und deine Spiritualität. In allem möchte dein Herz zärtlich strahlen. Du bist ein wunderbarer Mensch und es gibt andere wunderbare Menschen, mit denen du dein zärtliches Sein teilen kannst.

52 Den Tag versüßen   **21. Februar**

Erfahre die Liebe, die wir dir senden. Fühle dich von unserer Liebe zart und warm eingehüllt. So möchten wir dir deinen Tag versüßen.

Anregung: Die Engel kommunizieren mit dir über dein Herz. Öffne dich für die Liebe in deinem Herzen, dann wird es dir leichter fallen, ihre Liebe zu empfangen.

53 Chancen ergreifen   **22. Februar**

Auf dem Weg der Erfüllung deiner Wünsche ist es von entscheidender Bedeutung, sich für die Stille in dir zu öffnen und achtsam das zu betrachten, was dir entgegenkommt. Höre dabei auf das Gefühl deines Herzens. So kannst du deine Chancen ergreifen.

54 Die Grundlage des Selbstwertes   **23. Februar**

Die Grundlage deines Selbstwertes ist die Kraft, zu dir selbst zu stehen. Du weißt um deine Stärken und Schwächen und nimmst sie liebevoll an. So kannst du das Zusammensein mit anderen Menschen spielerisch sehen und genießen, ohne dass du deinen Selbstwert von ihnen abhängig machst.

Du bist dann in deinem Selbstwert, wenn du dich liebst, so wie du bist.

55 Wachsen in die eigene Größe   **24. Februar**

Als dein Engel stehe ich hinter dir. Nimm wahr, wie ich dich sacht berühre. Spüre mit deiner Rückseite zu mir und mach dir bewusst, dass du an mir wachsen kannst.

Wachse in deine natürliche Aufrichtung, indem du dich an meiner Gestalt orientierst. So richtet sich deine Wirbelsäule auf, dein Brustkorb hebt sich leicht, deine Schultern sinken.

Dein Kopf findet in seine natürliche Position zurück und deine Augen öffnen sich für die Weite des Horizonts. Erlebe, wie die Aufrichtung sich innerlich auswirkt.

Mach dich so groß wie du bist, nicht größer und keinen Zentimeter kleiner. Bleibe in deiner inneren Größe, ganz gleich was geschieht.

Frage: Was heißt es in deiner momentanen Lebenssituation, in deiner eigenen Größe zu bleiben?

56 Sich zeigen   25. Februar

Dich so zu zeigen, wie du bist, bedarf keiner Anstrengung. Es bedarf keiner besonderen Aktivität und keiner Rücksichtnahme. Sprich die Dinge aus, die dir wichtig sind. Zeige dich aus der Freude deines Seins, aus der Weisheit deines Herzens oder aus der humorvollen Seite deines Verstandes, auch wenn dies nicht von allen Menschen verstanden wird.

Du hast ein Recht darauf, an deiner eigenen Existenz Freude zu haben. Zeige dich mit allen deinen Facetten und genieße es, du selbst zu sein.

57 Heilende Kraft   26. Februar

Engel der Heilung: Wir lassen Kraft durch alle deine Zellen fließen. Alles, was eben noch belastet oder krank war, wird jetzt gereinigt und darf gesunden. In unserem Segenslicht darf vollkommene Heilung geschehen.

Wir sehen dich in deiner Stärke, in deiner Aufrichtung und in deiner Würde.

58 Mutter Erde und Vater Himmel*   27. Februar

Vom Vater Himmel wirst du beschützt. Von Mutter Erde wirst du genährt und getragen. Beide Segensströme vereinen sich in deinem Herzraum.

Diese Segen stärken dich, eine liebevolle Erwachsene/ein liebevoller Erwachsener zu sein. Je intensiver du den Segen von Mutter Erde und Vater Himmel annehmen kannst, umso mehr öffnet sich in dir die Kraft zu lieben.

Anregung: Verbinde dich im Alltag gerade in belastenden Situationen mit Mutter Erde und Vater Himmel.

59 Sich reinigen lassen 28. Februar

Engel der Reinigung: Bist du besorgt, fühlst du dich erschöpft oder erlebst du dich durch die Energien anderer Menschen belastet, dann kannst du mich zu dir rufen. Ich helfe dir, in deine Reinheit zurückzukehren.

Ich reinige dich, indem ich hinter dir stehe und meine silberweißen Schwingen in einem ruhigen Rhythmus öffne und schließe. So bewege ich mich mit meinen Lichtflügeln durch dein Energiefeld. Meine feine reinigende Kraft wirkt auf diese Weise in dir und um dich herum.

Gerne nehme ich die graue Hülle deiner Erschöpfung aus deinem Energieleib fort, damit deine Farben in leuchtender Frische glänzen und du beginnen kannst, deine Lebendigkeit neu zu spüren.

Frühling gibt es nicht nur im Außen.
Spüre den Frühling in dir,
mit allem, was neu werden möchte.

März

60 Partnerschaft leben   **01. März**

Wir Engel bringen dir den Segen der großen Göttin und des großen Gottes. Werde heil in deiner linken Seite und in deiner rechten Seite. Werde heil in deiner Vorderseite und in deiner Rückseite. Verbinde dich mit der Erde und dem Himmel und erlebe dich in der Einheit zwischen Mensch und Kosmos.

Auf diese Weise kann dein Herz heilen und es kann der Wunsch entstehen, eine Partnerin/einen Partner in dein Leben zu ziehen, die/der bei dir ist, um die guten und schlechten Zeiten mit dir zu teilen. Bist du in einer Partnerschaft, ermöglicht dir dieser Heilimpuls, dich aus einer stabilen Balance heraus deiner Partnerin/deinem Partner neu zuzuwenden. Lebe eine liebevolle Herzensbeziehung, denn du bist ein Beziehungswesen.

61 Die Kraft des Nein   **02. März**

Spürst du ein Nein in dir, kann dein Solarplexuschakra wie eine helle Sonne werden, leuchtend, warm und bewegt. In diesem Augenblick kannst du die Kraft dieses Lichts spüren. Niemand und nichts kann dich dazu bewegen, etwas zu tun, was du nicht möchtest.

In deinem Nein darfst du dich stark und wohlfühlen. Du bist dabei in der Lage, freundlich und strahlend zu bleiben. Bleibe in deinem Nein voller sonniger Energie.

In meinem Nein bin ich souverän und fühle mich wohl.

Frage: In welcher Situation spürst du die Kraft deines Neins?

62 Geliebtsein   03. März

Sei heute nicht nur eine Liebende/ein Liebender, sondern auch eine Geliebte/ein Geliebter. Fühle dich von uns Engeln geliebt. Fühle dich von deinen dir nahestehenden Menschen geliebt und mache dir bewusst, wie unterschiedlich sie ihre Liebe zeigen.

Nimm nicht nur die Liebe, die dir begegnet, in allen Formen wahr, sondern auch an. Lass dich von Liebe berühren und verwandeln. Du bist geliebt.

63 Sich der Stille anvertrauen   04. März

Konzentriere dich auf die Stille. Lausche dazu in dich hinein und begleite die Wellen deines Atems. Wenn es dir angenehm ist, lege eine Hand auf deinen Bauch und die andere Hand auf dein Herz. Vertraue dich der Stille an. Wir Engel sind bei dir.

64 Achte auf dein Wohl   05. März

Stell dich selbst liebevoll in den Mittelpunkt deines Lebens. Stellst du ständig das Wohl anderer in den Mittelpunkt, so wird für dich wenig bleiben.Stellst du dein Wohl in den Mittelpunkt deines Lebens, fließen dir Fülle und Reichtum zu, an denen du andere teilhaben lassen kannst.

65 Neue Kraft*   06. März

Engel des goldenen Strahls: Ich führe dich zurück auf den Weg der Kraft. Du hast Energien, Belastungen oder Sorgen von anderen Menschen aufgenommen. Das hat dich müde und schwer werden lassen.

Ich halte nun eine goldene Schale auf der Höhe deines Bauchs vor dich und bitte dich darum, alle Belastungen in diese Schale zu geben. Lass sie ausatmend wie dunkle Luftschlangen hineinfließen.

Ist die Schale gefüllt, werde ich dir eine neue, leere Schale hinhalten, bis du alle Lasten losgelassen hast. Anschließend lege ich meine Hand auf deinen Bauch und lasse goldene Kraft in dich hineinströmen. Sie fließt überall hin, wo sie gebraucht wird. Erlebe dich in dieser neuen Kraft.

66 Liebe annehmen 07. März

Erzengel Chamuel: Fühlst du dich in meiner Liebe und nimmst sie in deinem Herzen an, dann wirst du ein Kraftfeld für andere Menschen sein, ohne dass es deine Kraft kosten wird.

67 Heilungsfortschritt 08. März

Nicht nur wir Engel können dich in deiner Heilung unterstützen, auch du selbst kannst es. Richte deine Aufmerksamkeit auf die Fortschritte deiner Heilung. Erkenne an, was alles auf der körperlichen und seelischen Ebene besser geworden ist.

Heilung geschieht in jedem Augenblick und auf vielen Ebenen deines Seins und ganz besonders da, wo du deine Aufmerksamkeit hinlenkst.

Anregung: Zähle deine Fortschritte auf.

68 In der goldenen Kathedrale* 09. März

Engel der Heilung: Begib dich mit uns Engeln in eine goldene Kathedrale. Nimm wahr, wie die Sonne aus den hohen Fenstern einstrahlt. Wir haben dir in der Mitte des Raums einen Platz bereitet. Dort bilden wir Engel einen Kreis um dich und beginnen für dein höchstes Wohl zu singen.

Glitzerndes Licht strömt dabei durch deinen Scheitel in dich ein und erfüllt dein ganzes Sein. So bauen sich die Farben deiner Aura neu auf und Heilung kann geschehen. Höre unser Lied.

69 Wohlsein — 10. März

Engel der Erfüllung: Ich möchte dich heute im Laufe des Tages einige Male fragen: „Was kannst du für dich selbst tun, um dich ein wenig wohler, zufriedener oder erfüllter zu fühlen?" Bitte liebe Freundin/lieber Freund, warte nicht länger und handle danach!

Frage dich im Anschluss daran: „Was kannst du aus deinem Wohlsein tun, um die Situation für deine Mitmenschen positiv zu gestalten?"

Sitze oder stehe danach eine Weile ganz still und empfange meinen Dank. Lass ihn über die höchste Stelle deines Kopfes einströmen und darüber hinaus in deinem ganzen Energiefeld leuchten.

70 Zarte Engelhände* — 11. März

Wir Engel möchten dir den Zugang zu deinem inneren Sein erleichtern. Erfahre unsere feinen pastellfarbenen Töne, mit denen wir das Dunkle und Schwere in dir berühren und alle Stellen, die sich verhärtet haben.

Wir sind jetzt mit vielen Engelhänden bei dir, die über deine Energiestruktur streichen. Zarte, kleine Engelhände bewegen dein Energiefeld, streichen dunkle Schatten heraus und lösen Energieverknotungen auf.

Lass dich anschließend vollkommen von unserem Licht umhüllen. Wir sorgen dafür, dass deine wunderschönen Seelenfarben im neuen Glanz erstrahlen. Nimm dich nach einer Weile in deinem gereinigten Seelenkleid wahr.

71 Innere Schätze   **12. März**

Es gibt viel Kraft, Energie, Liebe, Freude und Leichtigkeit in dir. Bist du mit deinen inneren Schätzen in Verbindung, verändert sich deine Ausstrahlung. Auf diese Weise verändert sich die Welt und wird heller und schöner. Nicht der Fleiß ist dein Weg, sondern die Rückkehr zu deinem inneren Wesen.

72 Vertrauen ist möglich   **13. März**

Engel des Vertrauens: Dein Vertrauen ins Leben kann wachsen. Das große Vertrauen, das du dir für dein Leben wünschst, mit der damit verbundenen Entspannung, wird entstehen, wenn du viele kleine Schritte des Vertrauens gegangen bist.

Vertraue dir selbst, vertraue der Liebe in deinem Herzen, vertraue den guten Wünschen, von denen dein Leben begleitet ist. Eine Wandlung zum Guten ist immer möglich.

73 Wünsche erfüllen   **14. März**

Vertraue dem Fluss der Schöpfung. Lass für einen Moment all deine Bemühungen los, indem du eine Weile einfach dasitzt, dich spürst und in die Weite schaust. Lausche in das, was ist, denn in dir und durch dich hindurch findet die Schöpfung statt.

Lass deine Wünsche aus der Tiefe deines Unbewussten auftauchen. Sie sind wie bunte Kugeln, die du in die Hand nehmen kannst. Wirf sie nach vorn, sodass sie ins Leben rollen. Folge ihnen, denn du bist die Erfüllerin/der Erfüller deiner Wünsche.

Frage: Welchen Wunsch möchtest du dir als nächstes erfüllen?

74 Ohne Überblick   15. März

Streng dich nicht an, um den Überblick zu behalten. Lass dich vielmehr in das ein, was ist. Spürst du den Boden unter dir und öffnest deinen Blick nach vorn, dann weißt du, was in diesem Augenblick richtig für dich ist. Du fühlst aus deinem Inneren, was zu tun ist.

75 Kraftgewinn   16. März

Wir Engel halten dir den Weg frei und sind an der nächsten Weggabelung bei dir. Mit uns kannst du den Weg der Kraft gehen, indem du dich heute für das entscheidest, was dir einen Energiegewinn verspricht.

Denke nicht, die Entscheidungen im Leben würden nur daraus bestehen, dass du bei der Entscheidung A eine bestimmte Menge an Energie verlieren würdest und bei der Entscheidung B eine andere Menge. Es gibt auch Entscheidungen, die einen Kraftgewinn zur Folge haben. Wir laden dich ein, feinfühlig deine Entscheidungssituationen wahrzunehmen und dich für deinen Vorteil einzusetzen.

76 Optimismus   17. März

Engel des Optimismus: Ich öffne dir eine positive Sicht auf deinen Tag. Breite deine Arme aus und öffne damit auch dein Herz. Atme drei Mal tief ein und aus. Begrüße auf diese Weise die Gegenwart und all das Gute, das vor dir liegt. Es gibt keinen Grund zu zweifeln. Dein Leben ist gut.

77 Schaffensfreude   18. März

Wir senden dir goldenes Licht in dein Solarplexuschakra, damit dein Alltagsstress sich dort auflösen kann. Nimm wahr, wie der Bereich deines oberen Bauches nach einer Weile weicher werden kann. Tauche anschließend mit deiner Aufmerksamkeit in dieses Zentrum ein und spüre dort deine innere Sonne. Erlebe ihr Leuchten, ihre Wärme und ihre Kraft.

Spüre dich auf diese Weise in deiner Schaffenskraft und in deiner Schaffensfreude. Fühlst du deine leuchtende Sonne, wirst du viele deiner Ziele mit Leichtigkeit erreichen können.

Frage: Wofür willst du deine Kraft einsetzen?

78 Den Körper entlasten   **19. März**

Auch wenn dein Körper dir manchmal Schmerzen bereitet, du ihn schwer empfindest oder dich unwohl mit ihm fühlst, wende deine Aufmerksamkeit nicht von ihm ab. Sei stattdessen eine Freundin/ein Freund für deinen Körper. Nimm ihn liebevoll an, berühre ihn und tue alles für seine Entlastung und Gesundung. Wir Engel lieben dich, auch in deinem körperlichen Sein.

Anregung: Finde heute drei Wege, wie du deinen Körper entlasten kannst.

79 Sich neu für die Liebe öffnen   **20. März**

Löse dich von deinen Ängsten, in der Liebe neu verletzt zu werden. In der partnerschaftlichen Liebe wirst du nie einen risikofreien Zustand erreichen. Gerade deine Verletzlichkeit und Zartheit, mit der du Liebe empfangen kannst und Liebe gibst, machen dich so kostbar. Bist du dir deiner Verletzlichkeit bewusst, heißt das nicht, dass du einen Schutzpanzer um dich brauchst.

Finde einen Weg, deine Verletzlichkeit und Zartheit im Beziehungsleben zu spüren und sie zu behüten. Wir Engel helfen dir dabei.

80 Innere Verwandlung   **21. März**

Die Zeit deines seelischen Winters ist vorbei, in der die Kräfte sich nach innen gewandt haben. In dieser Zeit bereitete sich etwas Neues in dir vor. So bist du eine andere/ein anderer geworden. Es ist nicht nur so, dass du einen Jahresring im Baum deines Lebens dazu bekommen hast.

Werde dir bewusst, dein ganzer Baum hat sich verändert, denn aus der Mitte deines Seins hat sich eine neue, eine tiefere Ebene in dir geöffnet. So bist du als Baum nicht mehr der gleiche wie zuvor.

Ihr Menschenbäume verändert euch aus der Mitte eures Kerns heraus, in eurem ganzen Wesen. Jede dieser Veränderungen, die aus der Tiefe des Wesens entsteht, strahlt durch dich wie ein feines Licht. Sieh dich so als Baum, der neu erwacht.

Frage: Wie nimmst du deine Verwandlung wahr?

81 Öffne deine Sicht   22. März

Öffne deine Sicht für das Licht, das dich umgibt. Vergegenwärtige dir, dass wir Engel bei dir sind. Verbinde dich mit unserem Licht. Schwinge dich ein in das unendliche Strahlen des Seins.

Anregung: Folgst du dieser Aufforderung der Engel, ist es hilfreich, vorab einen ruhigen und geschützten Raum zu schaffen, in dem du aufrecht sitzend zur Ruhe kommen kannst. Wird dir die Arbeit mit den Engeln im Laufe der Zeit vertraut, bist du in der Lage, diese Einladung rascher umzusetzen.

82 Die Feinheit pflegen*   23. März

Heute erinnere ich dich daran, dass dein inneres Wesen aus Licht ist. Akzeptiere die Feinheit, die zu dir gehört und sei bereit, durch Phasen der Stille deine Feinheit zu pflegen. Je mehr du deine Feinheit pflegst, umso leichter findest du zu deiner Mitte zurück.

Wir Engel wünschen uns, dass du dich immer wieder für bestimmte Phasen der Neuordnung in einen Raum der Heilung zurückziehst. Dieser Raum der Heilung öffnet sich jetzt in dir und um dich herum. Er ist ein zartes Feld aus pastellfarbenen Tönen, die von sanften Klängen begleitet werden.

Lass es zu, dass sich dieses Feld der Heilung noch ein wenig weiter um dich herum ausbreitet, sodass es dich mit seiner zarten Schwingung einhüllt.

Erlebe dich auf diese Weise in deiner Feinheit und Zartheit geschützt. Kehre zurück zu dir selbst. Lass die Ungerechtigkeit der Welt eine Weile draußen, um dich zu erholen.

83 Große Liebe   24. März

Wir bilden einen Engelkreis um dich herum und nehmen dich in unsere Mitte. Wir bauen ein heiliges Feld auf, in dem du dich selbst besser spüren kannst. Entspanne dich darin.

Wir sehen, dass dein Herz voller Liebe für einen oder mehrere Menschen ist, sodass es überströmt. Diese Liebe reißt dich manchmal aus deiner Mitte, weil die Liebe zu dir selbst noch nicht stark genug ist. Fühlst du dich jetzt durch uns geliebt, geschützt und gehalten, dann wird es dir leichter möglich sein, die große Liebe zu einem anderen Menschen fließen zu lassen und dabei in dir selbst zu ruhen.

84 Prinzip der Leichtigkeit   25. März

Was wir Engel dir heute vermitteln möchten, ist das Prinzip der Leichtigkeit, mit dem du dich durch die unterschiedlichen Lebensbereiche bewegen kannst.
Dies erfordert eine gute Anbindung an deine Füße, die tief in den Boden spüren können

Auf diese Weise wirst du stärker als je zuvor. Hältst du deinen energetischen Anker in der von dir geliebten Erde, schaffst du es, auch in herausfordernden Situationen gelassen zu bleiben. So ist es dir möglich, mit Leichtigkeit und Freude weitere Schätze für dich und für andere zu heben.

Frage: Welcher Situation möchtest du mit mehr Leichtigkeit begegnen?

85 Strom der göttlichen Liebe*   **26. März**

Du kannst den Strom der göttlichen Liebe jederzeit für dich öffnen. Stell dich in diesen Strom, als würdest du dich unter eine Dusche stellen. Lass den Segen durch dich hindurchfließen.

Auf diese Weise hast du einen ersten Schritt zu deiner Heilung bereits getan. Du bist es dir wert gewesen, dich in den Strom der göttlichen Liebe zu stellen und Ja zur universellen Heilkraft zu sagen.

86 Manifestation*   **27. März**

Lieber Mensch, die Engelgruppe, die zu dir gehört, ist dir stets nahe. Sie steht jetzt im Kreis um dich herum. Spüre zu ihr und lade weitere Engelhierarchien zu dir ein, die sich um deinen persönlichen Engelkreis gruppieren. Verbinde dich durch alle Engelhierarchien hindurch mit der strahlenden Kraft des Universums. Lass sie durch die Engelhierarchien zu dir strömen.

Nenne deinen reinsten Herzenswunsch, damit er sich manifestieren kann. Gestalte deine Schöpfung, indem du dazu ein Bild entstehen lässt. Höre die Worte, die zu diesem Bild gehören, und erlebe das damit verbundene Gefühl der Erfüllung. Lass anschließend los und kehre mit deinem Bewusstsein zur Alltagsebene zurück.

87 Heilende Töne*   **28. März**

Engel des Gesangs: Sei für einige Momente bereit, dich allmählich für unsere Gegenwart zu öffnen. Wache mit uns in einer höheren Dimension des Seins auf. Bereite dich vor, den göttlichen Gesang durch dich hindurchfließen zu lassen.

Öffne dich für unsere hohen Töne, die wir zu den tiefen Tönen der Erde senden, damit du gemeinsam mit der Erde heilen kannst. Wir Engel weben unser unendliches Lied in dich hinein und lassen alle Farben des Universums durch dich hindurchfließen.

Öffne auch du deine Kehle für den Gesang der Schöpfung, für das Lied der Heilung, für den Ton der Liebe. Lass dich singen und bring auf diese Weise dein göttliches Selbst durch deinen Gesang zum Ausdruck. Du bist ein Lied. Alles in dir ist gesungen. Du bist eingebunden in diesen einen großen Gesang. Das ist die Ebene, in der du deinen Frieden findest und in der du Frieden bist.

88 Aufbruch   29. März

Engel des Frühlings: Im Frühling brechen die jungen Triebe aus der Erde. Knospen brechen auf, um sich dem Sonnenlicht zu öffnen. Was, meine Liebste /mein Liebster, möchte in deiner Seele aufbrechen? Sei gesegnet mit dem Neuen, das sich zeigen möchte.

89 Rosa Flamme   30. März

Wir bringen dir die rosa Flamme. Nimmst du unser Geschenk an, setzen wir sie zart in dein Herz. Die rosa Flamme fördert die Liebe zu dir selbst und zu deinem Leben. Sanft brennt das Feuer der Selbstliebe jetzt in deinem Herzen.

Frage: Wie verändert die rosa Flamme der Selbstliebe dein Handeln?

90 Balsam für die Seele*   31. März

Liebste Seele, hast du einen Schmerz, eine Angst oder eine Sorge, möchten wir Engel für dich da sein. Wir schenken dir ein Töpfchen mit einem goldenen Balsam. Streiche ihn auf die Bereiche, wo du deinen Schmerz, deine Angst oder deine Sorge wahrnimmst. Erlebe, wie er glitzernd aufleuchtet, wenn er deine Haut berührt.

Er dringt mit seinem sanften Leuchten in die Belastung ein und löst sie mit seinen Millionen von Goldpartikeln vollkommen auf. Behandel dich geduldig, atme bewusst und sei bereit loszulassen. Wir danken dir.

Ganz gleich welchen Weg du gehst,
wir Engel beschützen dich und segnen dich
mit Kraft und Optimismus.

April

91 Vertraue   **01. April**

Engel der Balance: Für jede Angst, die es in dir gibt, gibt es auch den Mut in dir, sie zu überwinden. Für jede Traurigkeit, die du fühlst, gibt es auch den Trost, der dich sanft umfängt. Für jeden Schmerz, den du erlebst, gibt es auch die heilende Hand, die heilsame Schwingung und die alles umfassende Liebe. Vertraue.

92 Nicht-Handeln   **02. April**

Wir Engel senden dir das Licht des Vollmondes in deinen Kopf, damit sich deine Gedanken in aller Leichtigkeit auflösen können und Stille entsteht. Lass das Mondlicht von deinem Kopf in deinen oberen Bauch strahlen, damit sich das Zentrum deines Handelns beruhigt.

Nicht jede Zeit ist eine Zeit der Tat. Es wird dir gut tun, still und klar in deiner Kraft zu ruhen. Lass dich in den silbernen Strom der Ruhe ein. Es gibt Zeiten, in denen du dein Handeln zurückstellen solltest und in der Stille verweilst.

93 Herzresonanz   **03. April**

Bleib in Kontakt mit deinen Wünschen. Genieße deine Freiheit und Offenheit gegenüber der Welt. Freue dich über das, was dir begegnet.

Die Resonanz in deinem Herzen wird dir den nächsten Schritt zeigen. So sei es, dass dein Weg einfach ist, voller Freude und Genuss.

94 Dein Lächeln   04. April

Das Schönste an dir ist dein Lächeln, denn damit veränderst du die Welt. Lächle in dich hinein, wenn du allein bist. Erlebe, wie du dir dadurch selbst ein wärmendes Geschenk machst. Verschenke freigiebig dein Lächeln an andere, verschenke es bedingungslos.

Bedenke, dass nicht aus jedem Samen ein Baum wird. Doch einige wenige Samen, die in einen fruchtbaren Boden fallen, reichen aus, um einen Wald entstehen zu lassen. Lass dich deshalb nicht beirren, wenn dein Gegenüber nicht zurücklächelt. Sei dir bewusst, dass dein Lächeln die Welt schöner macht und lass dich vom Lächeln anderer beschenken.

95 Sprich über deine Stärken   05. April

Du bist auf dem Weg der Warmherzigkeit, denn du bist ein liebevoller Mensch, der anderen Menschen viel zu geben hat. Doch achte darauf, dir selbst das zu geben, was du dir von anderen Menschen wünschst. Beginne in kleinen Schritten, dich selbst anzuerkennen, indem du dich lobst. Sprich mit anderen über deine Stärken und über deine positiven Eigenschaften.

Anregung: Nenne drei Taten, für die du dich anerkennen möchtest. Nenne drei Eigenschaften, die du an dir magst.

96 Eine schöne Zukunft   06. April

Wir möchten dir helfen, dein Denken positiver zu gestalten. Dazu motivieren wir dich, dem Gedanken Raum zu geben, dass deine Zukunft schön ist. Deine Zukunft hat bereits angefangen. In diesem Augenblick kann Harmonie beginnen und hat bereits begonnen, wenn du sie zulässt. Folgst du dieser Richtung, so gewinnt dein Leben an Freude und an Leichtigkeit.

Frage: Was ist dein schönstes Zukunftsbild?

97 Liebe dich 07. April

Bitte liebe dich selbst so, wie du dein Kind lieben würdest. Bitte liebe dich selbst, so wie du bist. Bitte liebe dein inneres Kind mit seinen Träumen, Wünschen und Bedürfnissen. Bitte liebe deine Bedürfnisse, deine Wünsche, deine Träume.

Anregung: Frage dich heute: Was bedeutet es, mich in dieser Situation zu lieben?

98 Feinheit erleben 08. April

Engel der Heilung: Durch unseren Heilsegen, der jetzt in wohltuenden Farben in dich einströmt, können sich belastende Gedanken, Schuldgefühle und Selbstkritik lösen, sodass du wieder frei und klar in deinem Denken wirst. Lass es dabei zu, dass sich deine Verbindung zur Erde verstärkt. Verzeih dir selbst und verzeih dem Leben, dass du Schmerz in der Vergangenheit erleben musstest. Er darf jetzt gehen, denn er gehört der Vergangenheit an.

Löse die Härte auf, von der du meinst, sie im Alltag zu benötigen und versöhne dich mit deiner Zartheit. Spüre deine feine Energie, die sich aus dem Inneren deiner Zellen bis ins weite Universum erstreckt. Bleibe in der Bewusstheit deiner Feinheit und lass den hohen Segen der Heilung weiter durch dich hindurchströmen.

99 Mitfühlender Segen 09. April

Mein liebendes Herz, du hast viel Mitleid mit Menschen in Not und möchtest ihnen gerne helfen. Doch wenn du nicht achtsam bist, beginnst du, die Belastungen der anderen auf deinen Schultern zu tragen, weil du dich für stark hältst und die anderen für schwach. Erkenne mit unserer Hilfe, dass dein Körper nur dafür gebaut ist, deine eigenen Sorgen zu tragen.

Doch als mitfühlender Mensch ist es dir möglich, die Sorgen der anderen zu segnen. Verbinde dich dazu mit deiner Liebe zum Höchsten und lass universelles Licht in dich einströmen. Bist du ganz damit erfüllt, sende den Notleidenden deinen Segen durch dein Herz, durch deine Hand oder durch deinen Blick.

100 Evolutionäre Kräfte 10. April

Auch in dir wirken evolutionäre Kräfte. Darunter kannst du deinen Heilungsprozess verstehen und den Weg deiner persönlichen Weiterentwicklung. Du selbst bist die Baumeisterin/der Baumeister deiner Schöpfung.

Dein höchstes Potenzial als Mensch wirst du umso kraftvoller entfalten, je mehr du dich deinen in dir wohnenden evolutionären Kräften widmest. Das kannst du beispielsweise tun, indem du dich der Meditation widmest, zu dir passende Heilungsmethoden anwendest oder kreativ tätig wirst.

Sieh dich selbst als Knospe, die sich immer weiter öffnet, um neue Facetten des Seins zu entdecken und zu verwirklichen.

Frage: Wie weit hat sich deine Blüte geöffnet?

101 Gesegnet sein 11. April

Du bist eine Gesegnete/ein Gesegneter. Im Augenblick und in der Ewigkeit.

102 Ein großer Trost 12. April

Engel des Trostes: Ein großer Trost, den es im Leben eines Menschen gibt, ist das Wissen, dass körperlicher oder seelischer Schmerz heute verwandelt werden kann.

Fragen: Was kannst du heute tun oder lassen, um deinen Schmerz zu lindern oder zu heilen? Was beruhigt dich und bringt dich mehr in deine Mitte?

103 Kraft des Lebens   **13. April**

Engel der Schöpfung: Sei bereit, jeden Tag neu ins Leben hineingeboren zu werden. Spüre die Kraft in dir, die sich verwirklichen möchte. Diese Kraft möchte nur das Beste für dich.

Erlebe deine positive Energie und sende dein Licht in die Welt.

104 Durch die Tür gehen   **14. April**

Spüre, wie ich in meiner liebevollen Macht hinter dir stehe. Diese Macht stelle ich dir zur Verfügung, damit du dich in deiner jetzigen Lebenssituation sicher fühlen kannst. Du kannst dir stets den Schutz holen, den du brauchst.

Benötigst du mehr Schutz, wirst du mehr Schutz erhalten. Benötigst du weniger Schutz, werden wir Engel mit allem Respekt einen kleinen Schritt zurücktreten.

Mach dir bewusst, dass du selbst verantwortlich bist für deine Sicherheit, Geborgenheit und für dein Glück. Deine Wünsche und Bedürfnisse sind dabei Wegweiser. Bist du jetzt bereit, durch die Tür zu gehen, die wir Engel dir weit offenhalten?

105 Geschenke annehmen   **15. April**

Jede Rechnung muss bezahlt werden. Und du liebe Seele neigst dazu, bei manchen Menschen die Rechnungen mehr als einmal zu bezahlen.

Wir rufen dich dazu auf, dies zu überdenken und dir bewusst zu machen, dass es sogar möglich ist, manche Leistung nicht mit einer Gegenleistung auszugleichen, sondern sie als Geschenk zu sehen und das Wohlwollen deines Gegenübers zu ehren.

106 Heilungsbereitschaft   **16. April**

Du kannst dich nicht aus deinem kleinen Ich heraus heilen. Doch was du fördern kannst, ist deine innere Bereitschaft, heil zu werden.

Bitte uns Engel, dass wir dich für unsere Heilströme öffnen und sie zu deinem höchsten Wohl in dich fließen lassen. Heilung kann jetzt geschehen.

Öffne dein Kronenchakra, indem du deine Aufmerksamkeit dort sanft konzentrierst und empfange unseren Heilstrom.

107 Teil eines Netzwerks sein   **17. April**

Alles Geben und Nehmen geschieht in einem fließenden Ausgleich. Mach dir bewusst, dass du ein wichtiger Teil eines Netzwerkes bist. Spürst du eine Leere in dir oder brauchst du eine Unterstützung, dann zeige den anderen mutig dein leeres Glas. Erst dadurch wird es möglich, dass ein Mensch auf dich zukommt und dein Glas aus seinem Reichtum heraus füllt.

Sei ein anderes Mal bereit, das leere Glas eines Mitmenschen zu sehen und es aus deiner Fülle heraus zu füllen. So bist du Teil eines nährenden und aufnehmenden Netzwerkes, in dem du dich warm und sicher aufgehoben fühlen darfst.

In diesem Netzwerk gibt es einen dynamischen Ausgleich zwischen Geben und Annehmen, wobei beides gleich wertvoll ist.

108 Triff eine Entscheidung   **18. April**

Wenn du aus deinem liebevollen Herzen die Entscheidung triffst, den Weg des Lichts zu gehen, begleitet von uns Engeln, wird das eine große Wirkung bis in den Urgrund deines Schmerzes und deiner Einsamkeit haben. Alles wird sich ändern. Triff eine Entscheidung.

Anregung: Formuliere deine Entscheidung.

Vergegenwärtige sie dir einige Male am Tag.

Ich entscheide mich aus meinem liebevollen Herzen für den Weg des Lichts.
Oder: *Ich entscheide mich für den Weg der Heilung.*

109 Belastungen lösen   **19. April**

Engel der Entlastung: Wir bedauern es, dass du dir manchmal das Leben schwer machst. Wir sind jetzt hier, um dir zu helfen, Belastungen, die auf deinem Nacken, auf den Schultern oder auf dem Rücken liegen, zu lösen.

Spüre dazu in deine Rückseite hinein. Wo befindet sich der Sack, den du trägst. Lastet er auf deiner linken oder auf der rechten Schulter? Oder an welcher anderen Stelle nimmst du ihn gerade wahr? Vielleicht magst du uns den Sack selbst überreichen, indem du ihn aktiv von deinen Schultern streifst oder abwirfst. Du kannst es uns aber auch erlauben, dass wir mit einer Schar von Engeln anreisen, um dich von der Last zu befreien.

Spüre nach einer Weile deine Entlastung und fühle dich von uns geliebt.

110 Delfinenergie   **20. April**

Engel der Delfine: Ich bin bei dir, wenn du es dir wünschst. Meine Lichtdelfine bewegen sich mit Schwung und Freude durch deine Aura.

Sie lockern dich auf und bringen deine Gefühle erneut ins Fließen. Jedes Gefühl, auch die sogenannten negativen Gefühle, sind wichtig und lassen dich gesund bleiben, solange du sie fließen lässt. Hältst du sie zurück, blockieren sie deine Lebenskraft.

Lass alle deine Gefühle in einem geschützten Raum zu. Je mehr du deine Gefühle zum Ausdruck bringst, desto leichter werden sich Gefühle der Erleichterung, der Freude und des Glücks einstellen. Du bist ein emotional reicher Mensch.

111 Vibrierende Lebensenergie   21. April

Manchmal verlierst du den Kontakt zu deiner Lebensenergie und fühlst dich müde und erschöpft. Doch wenn du dich zurückziehst, dir Gutes tust und wohlig in dich hineinfühlst, dann kannst du entdecken, dass es eine ruhige, warme Energie in dir gibt, die dich durchfließt.

Lenke deine Aufmerksamkeit dazu nach innen und erweitere deine Aufmerksamkeit auf deinen ganzen Körper. Erlebe ein feines Vibrieren in dir. Spüre, dass du von Lebensenergie durchströmt bist.

Verweile in dieser Kraft, die stetig daran arbeitet, dass alles in dir heilt und heil bleibt.

112 Heilung durch Ruhe*   22. April

Wir Engel stärken dich, indem wir deine Aura sanft bis in die Tiefe der Erde erweitern. Auf diese Weise verbinden wir dich mit der Mitte deines Planeten, dem liebevollen Herzen der Mutter Erde. Wir öffnen für dich die Verbindung zu ihrer Kraft, die jetzt durch deine Füße in dich einströmen kann.

Genieße es, in diesem warmen und dir Geborgenheit vermittelnden Strom zu sein und dich dabei ausruhen zu können. Gefällt dir diese Erfahrung, laden wir dich in eine lichtvolle Kammer in der Erde ein, in der wir dir ein „Nest" bereitet haben. Folge mit deinem Bewusstsein den Lichtstrahlen nach unten, sodass du in diesem Raum ankommen kannst, den wir dir bequem ausgestattet haben.

Lass dich auf den weichen Kissen nieder, die dein Körpergewicht aufnehmen und dich zart umfassen. In diesem Erdtempel kann deine Heilung geschehen. Was du brauchst ist Heilung durch tiefe Ruhe, doch nicht durch irgendeine Ruhe, sondern durch die warme, dir Geborgenheit vermittelnde Wärme der Erde.

Ruhe warm und geborgen, von der Liebe der Mutter Erde angenommen, in unserem Segen.

113 Freiheit tanzen　　　　　　　　　　　23. April

Löse die Fesseln von deinen Füßen und geh deinen eigenen Weg. Geh deinen Weg in Liebe und lass deine Füße die Freiheit tanzen. So sei es.

Anregung: Überwinde das, was dich noch aufzuhalten scheint.

114 Blickrichtung　　　　　　　　　　　24. April

Du entscheidest selbst, ob du dir Sorgen machst oder nicht. Du kannst auch in einer Krise auf das Positive schauen, auf die Wegstrecke, die du bereits bewältigt hast, auf das Licht am Ende des Tunnels oder einfach auf die Blume in deiner Hand.

Entscheide selbst, wofür du deine Energie verwendest. Schaust du mehr auf das, was schon ein bisschen besser geht, was Hoffnung macht oder auf etwas Gutes, das du selbst tun kannst, dann wird es dir leichter ums Herz werden. Du entscheidest selbst über deine Stimmung. Wähle also weise, auf was du deine Aufmerksamkeit richtest.

115 Radikale Anerkennung　　　　　　　　25. April

Beginne radikal anzuerkennen, was du als Mensch bist.

Du kannst keine Sonne in deinem Leben für dich und andere werden, weil du bereits eine Sonne bist. Du kannst dich nicht um Liebe bemühen, weil du Liebe bist. Du kannst nicht um deinen inneren Frieden kämpfen, weil du Frieden bist.

116 Heilungsenergien*　　　　　　　　　26. April

Schaffe dir mit unserer Hilfe einen Rückzugsraum, in dem du unsere feinen Energien wahrnimmst, die wir dir bereitstellen.

Ziehe dich in dein Herz zurück, um die Gemeinschaft mit uns Engeln leichter wahrnehmen zu können.

Wir stellen dir Heilungsenergien bereit, sodass jetzt in dir Heilung beginnt, sich Heilung ereignet und sich Heilung bereits vollzogen hat, je mehr du unsere Präsenz annehmen kannst. Es geschieht in diesem Augenblick.

117 Freude am Erreichten   27. April

Du hast bereits viel Gutes in dein Leben hineingelassen. Auf diese Weise gehst du Schritt für Schritt den Weg der Erfüllung. Auf deinem Lebensweg ist nicht nur das Ziel von Bedeutung, sondern auch die Freude am Erreichten zu erleben. Spüre das Glück in dir, wenn du dir vergegenwärtigst, dass du wieder einen deiner vielen Wünsche erfüllt hast.

Anregung: Mach dir heute die kleinen Veränderungen zum Guten bewusst, die durch dich initiiert wurden.

118 Höchster Heilsegen*   28. April

Wir senden dir den höchsten Heilsegen, der jetzt über das Kronenchakra in deinen ganzen Körper strömt. Dadurch können deine Muskeln weicher und geschmeidiger werden und die inneren Organe dürfen sich von Belastungen befreien. Konzentriere dich auf einzelne Körperbereiche, die besondere Aufmerksamkeit brauchen, damit du dort unser heilsames Wirken bewusst wahrnehmen kannst.

Lass unseren höchsten Segen durch dich bis in die Erde fließen. Auf diese Weise kann er noch tiefer in dir wirken.

119 Bedingungslose Liebe   29. April

Wir Engel senden dir unsere bedingungslose Liebe. Erlaube es dir, sie in vollen Zügen zu genießen.

Vielleicht kannst du nach einer Weile wahrnehmen, wie deine seelischen Spannungen in unserer Liebe schmelzen und du weicher mit dir selbst wirst und den Menschen, die dich umgeben.

Nimm wahr, wieweit es dir schon gelingt, dein Herz für die bedingungslose Liebe zu öffnen und sie aus dir herausstrahlen zu lassen

120 Integration des Verstandes   30. April

Dein Engel spricht zu deinem Verstand: Es gehört zu deinem Wesen, langsam zu sein, denn du kannst immer nur einen Vorgang nach dem anderen analysieren und bewerten. Es ist deine Aufgabe, die Dinge, die du von der Seele neu erfahren hast, skeptisch zu betrachten und sie im Alltag zu überprüfen.

Wir Engel wünschen uns von dir, dass du die seelischen Impulse für eine weitere Entwicklung nicht unterdrückst, sondern dich als kleiner, überaus wichtiger Teil der Seele selbst verstehst. Wir wünschen uns eine gute Zusammenarbeit.

Anregung: Wenn dein Verstand sich bei spirituellen Erfahrungen einschaltet und skeptisch ist, erkenne ihn dafür an und mache ihn darauf aufmerksam, dass es nicht sein Fachgebiet ist, er jedoch in vielen anderen Belangen des Alltags ein wertvoller Partner ist.

Liebe dich selbst und fühle dich geliebt
von deinen Mitmenschen, der Natur
und dem ganzen Universum.

Mai

121 Deine Schönheit   **01. Mai**

Für uns Engel bist du in allen deinen Dimensionen schön. Wir bitten dich heute darum, deine kritischen Bewertungen gegenüber deinem Körper loszulassen und mit unserer Hilfe zu verwandeln.

Jeder Mensch hat eine eigene Schönheit. Akzeptiere dich in deiner körperlichen Form, so wie du bist und lass die Schönheit deiner Seele aus dir herausstrahlen.

Frage: Was macht dich schön?

122 Lichtmensch   **02. Mai**

Engel des Lichts: Ich bitte dich, blicke nicht zurück zu den Themen, die du schon längst durchlitten hast. Lass die Belastungen aus deiner Vergangenheit hinter dir. Erlebe dich aus deinem innersten, strahlenden Wesen. Spüre dein Licht bis in deine physische Ebene hinein und nimm wahr, dass du ein Lichtmensch bist. Lass dich aus deinem Inneren strahlen, ganz gleich wo du bist.

123 Im Tempel des Herzens*   **03. Mai**

Tauche mit einer sanften Aufmerksamkeit in den Raum deines Herzens. Hier gibt es einen Tempel, dessen Tür offen steht, sodass du eintreten kannst.

Nimm dir Zeit, dich umzuschauen. In der Mitte findest du einen Altar, auf dem eine große Schale steht. Nimm dir Zeit, alle deine Sorgen und Lasten hineinzulegen.

Liegt alles Belastende in der Schale, verwandelt es sich in goldenes Licht. Dieses Licht ist deine Energie. Sie ist deine wilde, reine, fröhliche und vertrauensvolle Lebensenergie. Nimm sie zu dir, denn sie gehört dir.

124 Energetische Nahrung   04. Mai

Das ganze Universum besteht aus Energie. Auch dein Körper ist eine zentrierte, leuchtende und lebendige Energie. Erlebe dich selbst für einen Moment auf diese Weise.

Um gesund zu werden oder zu bleiben, ist es wichtig, reine und dich stärkende Energien in dein Leben zu ziehen. Das bezieht sich auf alle Bereiche deines Lebens und so auch auf die Lebensmittel, die du heute zu dir nehmen wirst.

Du kannst dich heute über das Essen und Trinken dazu entscheiden, gute, klare und hochschwingende Energien aufzunehmen. Das wird dir Kraft schenken, einen guten Weg zu gehen.

125 Entlastung erhalten*   05. Mai

Engel der Freundlichkeit: Ich schaue dich freundlich an und lege eine Hand auf deine Schulter, wenn du es magst. Kannst du die Berührung spüren? Wenn du es dir wünschst, streiche ich mit meiner Engelhand deinen Rücken einige Male abwärts und ziehe dabei Spannungen heraus. Lass es einfach geschehen.

Anschließend lege ich eine Hand auf deinen mittleren Rücken und die andere auf deinen oberen Bauch. Ich lasse goldgelbes Licht in diesen Bereich einströmen, damit sich deine Alltagsbelastungen lösen können und sich in reine Lebensenergie verwandeln. Ruf mich in dein Leben, wenn du Entlastung brauchst und trage deinen Teil dazu bei, dich frei zu fühlen.

Anregung: Bitte den Engel der Freundlichkeit zu dir, wenn du Stress erlebst. Er wird dir mit seinem Licht helfen, dich zu beruhigen und freundlich zu dir selbst zu bleiben.

126 Stabile Grenzen   06. Mai

Engel der Grenzen: Indem du dich mit deiner Wut oder deinem Ärger annimmst, kannst du erkennen, dass du von Stärke durchströmt bist. Nimm diese Stärke bewusst wahr und erlebe dich in deinen kraftvollen Grenzen. Jetzt erlaube dir, dich innerhalb deiner stabilen Grenzen frei und wohlzufühlen.

Wenn du sicher bist, dass du deine Grenzen stabil hältst, kannst du dich entspannen und der Situation angemessen kommunizieren. So kann es eine gute Lösung zum Wohle aller Beteiligten geben.

Frage: Um welchen Konflikt handelt es sich?

127 Pokal der Liebe   07. Mai

Deine Liebe zu einem dir nahestehenden Menschen ist wie ein goldenes Gefäß in deinem Herzen, aus dem es stetig strömt. Lässt du deine Liebe fließen und hältst den Pokal dabei aufrecht, bleibst du in dir zentriert und kraftvoll. Neigt sich der Pokal nach vorn, verlierst du deine Mitte und erlebst einen Kraftverlust. Halte deshalb den Pokal aufrecht.

Sieh den Pokal als ein Geschenk des Lebens und freue dich, dass du diese Liebe so frei, warm und weich empfinden kannst.

Deine Liebe ist bedingungslos. Genieße dein Glück, diese Liebe so tief in deinem Herzen empfinden zu können.

128 Perlen ans Licht bringen **08. Mai**

Eine Heilkrise ist etwas Gutes. Sie ermöglicht dir, fest gewordene Strukturen, hinter denen du deine Zartheit versteckt hast, aufzubrechen. Lass deine Einstellungen, die dir eine falsche Sicherheit vermittelt haben, gehen zugunsten einer realistischen Sicht.

Für dich gibt es im Moment nichts zu tun, außer Ruhe zu finden. Nimm dich mit allen Symptomen an, die eine Heilkrise begleiten können. Das wird es dir einfacher machen hindurchzugehen, kostbare Perlen in deinem Unwohlsein zu finden und sie ans Licht zu bringen.

129 Ein Kind der Liebe **09. Mai**

Du bist ganz und gar ein Kind der Liebe. Du bist mit einem reinen Herzen auf die Welt gekommen, um allen Familienmitgliedern Liebe und Freude zu schenken. Du strahltest bedingungslose Liebe aus und grenzenloses Vertrauen. Doch dann machtest du die Erfahrung, dass deine reine Liebe oft nicht geteilt werden konnte, sodass du dich zurückziehen musstest.

Heute weißt du als erwachsener Mensch, dass du einen gewissen Schutz brauchst, weil die Welt draußen oft nicht so fein und liebevoll ist, wie du in deinem Innersten bist. Erinnere dich heute wieder an dein reines Herz und werde dir bewusst, dass reine Liebe in jedem Augenblick des Lebens möglich ist.

Schaffe dir immer wieder sichere Situationen mit wunderbaren Menschen, in denen du dieses reine Herzenslicht in dir strahlen lassen kannst, aus Freude am Leben.

130 Vorfreude **10. Mai**

Beschäftige dich mit dem, was dich wirklich glücklich macht.

Wir Engel segnen dich mit Mut, damit du dich für die Bereitschaft öffnen kannst, neue Methoden und Wege auszuprobieren, um das Ersehnte zu erlangen. Schöpfe immer wieder Kraft aus deiner Vorfreude.

131 Überall   11. Mai

Engel des Überalls: Überall, wo du bist, da bin ich auch. Nie gehst du ohne Schutz, nie gehst du ohne Führung. Wir Engel sind überall.

132 Meisterinnengeist/Meistergeist   12. Mai

Es liegt eine großartige Aufgabe vor dir. Wir Engel wissen, dass du sie schon begonnen hast. Du bist dabei, den Meisterinnengeist/Meistergeist in deinem Alltag zu verwirklichen. Das geschieht, indem du dich für das öffnest, was unmittelbar geschieht.

Bist du liebevoll mit dir vereint und bringst deinen Verstand dazu, nicht alles zu bewerten, so fließt Meisterinnengeist/Meistergeist durch deine Haltung. Dein Zusammensein mit anderen, aus der Haltung der inneren Meisterinnenschaft/Meisterschaft, wird dein Herz erwärmen und wird dich an der Herzenswärme deiner Mitmenschen teilhaben lassen.

133 Erneuerung   13. Mai

Wir Engel unterstützen dich dabei, aus der tiefen Kraft deiner Seele heraus das Neue in dein Leben zu rufen: neue Gefühle, neue Aspekte in Beziehungen und vor allem einen neuen Umgang mit dir selbst.

Verbindest du dich mit der Erde und dem Himmel, bist du verbunden mit deiner spirituellen Kraft. Dadurch strömt in dir ein Fluss, aus dem du kluge Entscheidungen treffen kannst. Wir Engel segnen die Erneuerung in deinem Leben.

Fragen: In welchem Lebensbereich hat das Neue schon begonnen? Für welche Lebensthemen willst du das Neue rufen?

134 Herzrose   14. Mai

Wir Engel berühren dein Herz mit unserer liebevollen Präsenz. Wir freuen uns, wenn du dein Herz von innen her wie eine Rose öffnest, damit du für unsere Liebe empfänglicher werden kannst. Dadurch kann auch deine Liebe leichter in die Welt strömen.

Öffne dein Herz wie eine Rose zu deinem eigenen höchsten Wohle. Du bist eine positive Kraft für deine Mitmenschen, für die Welt und zur Freude der Schöpfung.

135 Fliederduft   15. Mai

Wir Engel helfen dir heute, dich zu beruhigen. Dazu wehen wir dir einen sanften violetten Ton in deine Aura, der dir hilft, gelassener zu werden. Atme diesen violetten Ton wie einen Fliederduft ein, um im Ausatem Ruhe durch deinen ganzen Körper strömen zu lassen.

Atme auf diese Weise mehrere Male und triff heute alle Entscheidungen aus der Ruhe heraus.

136 Zentriere deine Kraft   16. Mai

Liebe Seele, du brauchst nicht die Energiegeberin/der Energiegeber für deine Mitmenschen zu sein. Auch wenn du einen Menschen liebst, heißt das nicht, dass du ihm deine Energiereserven zur Verfügung stellen solltest.

Die erwachsenen Menschen um dich herum haben ihre eigene Kraft, und es ist ihre Aufgabe zu lernen, verantwortungsvoll mit ihr umzugehen.

Zentriere deine Energie, statt sie zu verausgaben, sammle sie in deinem unteren Bauch. So sorgst du dafür, dass dein Energiereservoir aufgefüllt bleibt und du über Kraft verfügst, um deine Ziele zu erreichen, die auch deinen Mitmenschen zugute kommen werden. Geh deinen Weg in Liebe zu dir selbst.

137 Selbstannahme   17. Mai

Es ist in Ordnung, traurig zu sein, wütend, enttäuscht oder auf irgendeine andere Weise verletzt. Spüre den Schmerz, der hinter diesen Gefühlen liegt. Der Schmerz ist eine Botschaft. Was möchte der Schmerz dir sagen? Was ist seine Ursache? Was kannst du daraus lernen?

Wenn die Botschaft bei dir angekommen ist, kann der Schmerz gehen. Lege eine Hand auf dein Herz und sage dir:

Ich nehme meinen Schmerz an und liebe mich, so wie ich bin.

138 Das innere Kind schützen   18. Mai

Schütze heute dein inneres Kind. Halte es in deiner Vorstellung immer mal wieder in deinen Armen. Sorge dafür, dass es sich sicher fühlt. Das Kind wird dir danken mit Freude, Leichtigkeit und Kreativität.

139 Dasein   19. Mai

Liebste Seele, halte für einen Moment inne. Lass alle Gedanken an ein Ziel oder an eine Leistung los. Wir Engel helfen dir durch unser Licht, dich von innerem Druck zu befreien. Atme drei Mal unser Licht tief ein und aus. Sei mit uns da – in diesem Augenblick.

Dein Dasein macht dich wertvoll und ist unsere größte Freude.

140 Freie Entscheidung 20. Mai

Engel Ariel: Ich diene dir, indem ich dir den Weg in die Freiheit weise. Spüre den weiten, hellblauen Himmelsraum, den ich um dein Herz herum geschaffen habe. Lass dein Herz sich wieder ausweiten und erlaube es dir, aufzuatmen. Werde dir deiner Freiheit bewusst. Fühle dich frei, eine gute Sache zu vertreten und bleibe dabei locker.

Fragen: Für welche gute Sache möchtest du aus deiner Freiheit heraus einstehen? Was hilft dir locker zu bleiben?

141 Zu lieben 21. Mai

Zu lieben bedeutet ab heute, dich weder mit Aufgaben zu beladen noch Pflichten um ihrer selbst willen zu erfüllen. Zu lieben kann ab jetzt für dich bedeuten, aufrecht und voller Schönheit durch dein Leben zu gehen und dabei strahlend und voll freundlicher Kraft zu sein.

So kommt auch dein Humor zurück, der dir hilft, die stärksten Steigungen zu erklimmen.

142 Beruhigung* 22. Mai

Engel der Ruhe: Ich bringe dir den blauen Segen der Beruhigung. Blaues Licht mit silbernen Sternen sende ich dir durch dein Stirnchakra, damit sich deine Gedanken beruhigen können. Anschließend sende ich es ganz zart in dein Herzchakra, damit das Herz in Ruhe zu schwingen beginnt.

Nun sende ich dir meinen blauen Segen durch dein Sakralchakra in deinen Bauch, damit die Wellen deiner Gefühle die Möglichkeit haben auszuklingen. Lass mein blaues, silbersterndurchtränktes Segenslicht durch deine ganze Aura fließen und nimm wahr, ob sich möglicherweise dadurch deine Wahrnehmung verändert.

Genieße die feine Ruhe, die sich jetzt in dir ausbreiten kann.

143 Verbundene Herzen*   23. Mai

Verbinde dich mit der Liebe in deinem Herzen und lass sie wie einen Stern strahlen. Sende das Licht zu anderen Menschen, die auch ihr Herz für die bedingungslose Liebe geöffnet haben. So entsteht ein lichtvolles Netz, das sich um die ganze Erde spannt. Erlebe dich als Teil dieses leuchtenden Netzwerks. Wir danken dir für deinen Dienst.

144 Unsichtbarer Schutz   24. Mai

Verhalten sich Menschen dir gegenüber unangemessen oder kritisieren sie dich zu unrecht, kannst du einen unsichtbaren Schutz einschalten, den keiner durchbrechen kann. Dieser Schutz wird aus deinem Selbstwert gebildet und aus der Freude an deinem leuchtenden Licht.

Anregung: Visualisiere als Unterstützung ein goldenes Lichtfeld um dich herum und bleibe in der Freude an deinem Licht.

145 Neues Gleichgewicht   25. Mai

Wir Engel wissen, dass du manchmal aus deinem inneren Gleichgewicht gerätst. Doch heute kann es eine Balance zwischen den Bedürfnissen deines Körpers und der inneren Freude an deiner Schaffenskraft geben. Öffne dich für dieses Gleichgewicht.

Ich habe gelernt, mit meinem Körper liebevoll umzugehen, mich in meinen Grenzen wohlwollend anzunehmen und das Beste aus meiner Situation zu machen.

146 Die eigene Heilkraft zulassen   26. Mai

Du besitzt eine große Heilkraft. Doch manchmal weißt du nicht, wie du sie einsetzen kannst. Die Kraft zu heilen ist dir von Natur aus gegeben.

Lege eine Hand auf die Mitte deiner Brust und die andere Hand auf einen beliebigen Körperbereich. Lenke deine Aufmerksamkeit in dein Herz und öffne dich von hier aus für die Verbindung zur Erde und zum Himmel.

Spüre die liebevolle Kraft, die es in deinem Herzen gibt und lass Heilung geschehen. Jetzt.

147 Horchen   27. Mai

Horche auf deine innere Stimme. Horche in dich hinein, um das herauszuhören, was für dich stimmt. Wem solltest du gehorchen, wenn nicht dir selbst?

Anregung: Die innere Stimme wohnt in deinem Herzen. Stell eine Frage ins Herz und lausche der Antwort.

148 Im Geist des Friedens   28. Mai

Wir Engel bitten dich, alte Muster der Belastung, der Selbstentwertung oder des Schmerzes loszulassen. Dazu senden wir dir eine violette Kraft in deine beiden Gehirnhälften, damit sie sich im Geist des Friedens verbinden können.

Wir setzen ein kleines Licht zwischen deine Gehirnhälften, damit sie sich in unserem Segen vollkommen ausgleichen können. So wird es ruhig in deinem Geist und du kannst dich und die Welt um dich herum klarer sehen.

149 Weitblick genießen   29. Mai

Engel des Weitblicks: Liebe Seele, hebe deinen Blick und schaue in die Weite, die dich umgibt. Warum zu Boden starren, wenn dir die Welt doch so viel zu bieten hat? Stell deine Augen auf Weitblick ein, spüre durch die sichtbaren und unsichtbaren Hindernisse, die dich umgeben und genieße die Weite, die dich umgibt. Lass es zu, dich frei zu fühlen.

150 Dank der Engel 30. Mai

In vielen Kreisen umringen wir dich, von den kleinen Engeln über die großen bis zu den Engeln, die unermesslich sind. Mit allen Engeldimensionen bist du verbunden und wir danken dir für den großen Dienst, den du für die Erde leistest.

Wir sind glücklich darüber, dass es dich gibt. Mit deinem liebenden Herzen bist du mit uns in allen Dimensionen verbunden, sodass unsere Liebe hin und her strömen kann.

151 Hand in Hand 31. Mai

Liebste Freundin/Liebster Freund, heute lade ich dich ein, mit mir gemeinsam Hand in Hand zu gehen. Vielleicht möchtest du mir auch erlauben, deine Hand zu halten, wenn ich neben dir sitze oder stehe.

Erlebe den kostbaren Moment unseres Zusammenseins.

Frage: Nimm wahr, wie sich diese Engelberührung auswirkt. Erlebst du einen Kraftzuwachs, eine Stimmungsaufhellung oder etwas anderes?

Freude ist deine wahre Natur.
Teile sie mit deiner Umgebung.

Juni

152 Heiliger Klang*   01. Juni

Das ganze Universum besteht aus Klang. Auch du bist ein Wesen aus Klang. Wir Engel verbinden dich jetzt mit deinem Seelenton. Höre, spüre und wisse, dass er sich stetig durch dein Energiefeld webt. Konzentrierst du dich auf deinen ureigenen Klang, der du bist, öffnen sich kraftvolle Heilfelder.

Dein Seelenton entfaltet sich durch deine Knochen, durch deine Organe, durch deinen Blutkreislauf, durch dein Nervensystem, durch dein Meridiansystem bis in deine höchste Lichtessenz.

Aus diesem vollkommenen Ton bist du geschöpft. Auf diese Weise singst du das Lied deiner Seele auf dieser Erde, zur Ehre allen Lebens.

153 Geist der Freundschaft   02. Juni

Pflege den Geist der Freundschaft mit ausgewählten Menschen, mit uns Engeln und vor allem mit dir selbst. Wir segnen dich mit dem Geist der Freundschaft.

Frage: Wie wirst du heute den Geist der Freundschaft leben?

154 Weisheit des Herzens — 03. Juni

Höre auf dein Herz, wenn du mit anderen sprichst. Alles was dir begegnet, löst eine Resonanz in dir aus. Nimm sie in deinem Herzen wahr. Höre also nicht nur deinen Mitmenschen zu, sondern höre auch auf die Antwort in deinem Herzen.

Das Herz kommuniziert ohne Worte, doch es lässt dich stets darüber im Klaren sein, was für dich bedeutsam ist.

155 Innere Sammlung — 04. Juni

Schaffe dir heute Nischen, in denen du dich wohlfühlst. Erlaube dir Auszeiten, in denen du dich erholst und zu deiner inneren Ordnung zurückkehrst. Öffne anschließend Gesprächsräume mit Menschen, die du magst und trete aus deiner inneren Sammlung in Kontakt mit ihnen.

Bleibe in Verbindung mit dir selbst und mit deinem inneren Wert.

156 Farben des Lebens — 05. Juni

Das Leben ist bunt und Farben können dich vielfältig bereichern. Doch mit bestimmten Farben des Lebens hast du wenig Erfahrung. Diese Farben können sich jetzt in dein Leben integrieren.

Jede Farbe möchte ihren eigenen Platz in dir finden: die Farbe der Leidenschaft, die Farbe der Zärtlichkeit, die Farbe des sexuellen Verschmelzens, die Farbe des Vertrauens, die Farbe des bedingungslosen Liebens oder die Farbe des bedingungslosen Geliebtwerdens.

Es gibt noch Hunderte von weiteren Farben. Welche Farbe, also welche Gefühlsqualität möchtest du jetzt in deinem Leben neu oder intensiver verwirklichen? Bestimmte Farben sind dir noch nicht so vertraut, deshalb betrachtest du sie noch mit Argwohn. Doch manche Qualitäten sollten in deinem Leben ausgelebt werden.

Es würde deiner Entwicklung dienen, wenn sie Raum bekämen. Fühle dich dabei in unserem Segen.

157 Frei von Belastungen* — 06. Juni

Du hast dir das Leid anderer Menschen aufgebürdet oder Energien von anderen aufgenommen, die dir nicht guttun. Du hast dies aus Liebe getan oder weil du es nicht anders wusstest. Komm, meine Liebste/mein Liebster, komm in die Mitte unseres Engelkreises. Wir möchten dich heute von diesen Verstrickungen befreien.

Wir senden dir das strahlende Licht der Heilung, das jetzt die Einschnürungen in deiner Aura löst. Nimm wahr, wie du dich wieder in deiner Kraft ausdehnen kannst.

158 Der Weg zum großen Frieden — 07. Juni

Wir lieben und bewundern dich für deinen Mut, den Weg des Friedens zu gehen. Für uns ist es leicht, mit dem universellen Frieden verbunden zu sein, denn wir sind ein Teil von ihm.

Doch als Mensch hast du dir vorgenommen, den Weg zum großen Frieden „zu Fuß" zu gehen. Du bist immer wieder bereit, die Welt der Polaritäten hinter dir zu lassen, damit du universellen Frieden in deinem physischen Körper und damit in deinem Alltag erleben kannst. Dafür lieben und bewundern wir dich.

Anregung: Verbinde dich heute immer wieder mit dem Feld des universellen Friedens.

Ich verbinde mich mit dem Feld des universellen Friedens.

159 Der lange Weg zur Ganzheit 08. Juni

Es ist dein Wunsch, ganz bei dir selbst anzukommen, indem du die unterschiedlichen Anteile deiner Persönlichkeit integrierst. So begleiten wir Engel dich von einer Lebenssituation zur anderen. Wir werden auch in Zukunft gemeinsam mit dir jedes innere Kind retten, das noch in deiner Vergangenheit leidet.

Wir erkennen deinen Mut an, dich einer schwierigen Situation zu stellen. Heute bist du bereit, durch die Angst zu gehen und das noch nicht Gefühlte wahrzunehmen und anzunehmen, um in eine größere Lebendigkeit zurückzukehren. Das ist der Weg, den deine Seele sich vorgenommen hat, und wir sind stets an deiner Seite, voller Liebe und Respekt.

Anregung: Welche Angst hast du im Moment zu überwinden? Lässt du dich von den Engeln beschützen, wird es dir leichter fallen, für dein inneres Kind zu sorgen und es zu beschützen.

160 Zuversicht 09. Juni

Engel der Zuversicht: Ich bringe dir die Botschaft, dass alles gut wird, auf eine ganz eigene Weise. Das Gute liegt nicht immer im Erwarteten. Die Wandlungen im Leben sind oft überraschend, und das Gute kann manchmal erst entdeckt werden, wenn eine Weile verstrichen ist.

Bleibe zuversichtlich. Es wird alles gut, auf eine ganz eigene Weise.

161 Voller Hoffnung* 10. Juni

Du hast in deinem Leben schon viel erlebt. Wenn du dich für einen Augenblick umdrehst und deine Vergangenheit anschaust, dann kannst du sie als eine wunderbare Blumenwiese sehen, die hinter dir entstanden ist. Erlebe diese blühende Pracht, die du angepflanzt hast. Alle Blumen leuchten dort im ewigen Sommer.

Auch wenn du im Moment nicht weißt, was geschehen wird, kannst du doch voller Hoffnung weiter durch das Leben gehen, mit deiner Blumenwiese hinter dir und vielen Samen in deiner Hand, die du nach rechts und links auswirfst.

162 Unterstützung   11. Juni

Dein Engel: Ich bin stets bei dir. Ich stehe hinter oder neben dir und wenn du es möchtest, halte ich deine Hand. Ich räume dir den Weg frei und unterstütze dich dorthin zu gehen, wo du das Beste für dich erreichen kannst.

Ich stelle dir meine Kraft zur Verfügung. Gibt es heute Stunden, in denen du dich schwach fühlst, dann nutze einfach meine Energie. Nimm soviel von meiner Energie auf, wie es dir guttut, damit du stets in der Lage bist, deine Bedürfnisse zu erfüllen.

So bin ich für dich da, ganz nah an deinem Herzen.

163 Der Raum des Dazwischen   12. Juni

Engel der Wandlung: Du stehst an einer Schwelle, an der es kein Zurück mehr in ein vertrautes belastendes Muster gibt. Das Eine ist zu Ende gegangen und ein Schimmer des Neuen kann manchmal von Ferne bereits gesehen werden. Doch es wird noch eine Weile dauern, bis sich das Neue in dir vollständig ausgebildet hat und eine tragfähige Säule in deinem Leben bildet. Du befin-dest dich im Moment im Raum des Dazwischen.

Zu deiner Unterstützung sende ich dir meine goldgelbe Energie. Sie strömt zart und hochvibrierend in deinen Körper und in den Raum, der dich umgibt. Durch diese goldgelbe Kraft der Verwandlung können sich Sorgen leichter in dir auflösen und deine Veränderungsbereitschaft wird gestärkt.

Frage: In welche neue Kraft wirst du hineinwachsen?

164 Segen spenden 13. Juni

Nicht nur wir Engel schenken Segen. Auch du bist eine Segensspenderin/ein Segensspender, wenn du das möchtest. Öffne dein Herz für deine Liebe zur Welt und segne, was dir begegnet und was dich berührt.

165 Der Ruf 14. Juni

Jede Kirche, jeder Tempel und jede Moschee hat einen eigenen Ruf, um die Gläubigen zum Gebet einzuladen und damit zum stillen Dialog mit der universellen Kraft der Liebe.

Wie lässt du dich rufen, liebe Seele, vom Glockengeläut, vom Blau des Himmels, vom Leuchten einer Sonnenblume, vom Duft einer Rose, vom Vogelgezwitscher oder von unseren ruhigen Worten in deinem Herzen, um in einen stillen Dialog einzutreten? Sei bereit.

Frage: Finde deine Zugänge zum Göttlichen und pflege sie. Was macht es dir leicht, diese Türen zu öffnen?

166 Konzentration auf ein Thema 15. Juni

Wir Engel möchten dich aus den vielen kleinen und großen Kämpfen deines Alltags herausholen und dich wieder mit der höheren Ordnung verbinden. Wir sehen, dass es dich überfordert, viele Themen gleichzeitig im Blick zu haben, denn das bringt Unruhe in dein Leben.

Du kannst nicht viele Feuer gleichzeitig hüten. Du kannst ein Feuer hüten. So bitten wir dich, dich für einen bestimmten Zeitraum nur einem Thema zu widmen, das du bewusst in deinen Alltag hineinnimmst und umsetzt. So wird dir dein Erfolg sicher sein.

Frage: Welches Thema hat für dich Priorität?

167 Die eigene Stärke erkennen   **16. Juni**

Jetzt ist die Zeit gekommen, deine Stärke zu erkennen. Deine Stärke ist nicht das, was du bisher für deine Stärke gehalten hast. Sie ist vielmehr dein Schwung, deine Weichheit und die Fähigkeit, Blockaden zum Fließen zu bringen.

Anregung: Verhalte dich heute in Situationen, in denen du dich verhärtet hättest, fließend und flexibel.

168 Sich selbst vergeben*   **17. Juni**

Engel der Vergebung: Ich erfülle dich mit meinem Segen. Ich helfe dir dabei, dir selbst in Bezug auf ein vergangenes Ereignis zu vergeben. Durch welche Handlung fühlst du dich schuldig? Konzentriere dich auf dieses Ereignis, wenn ich dich an die Hand nehme, um mit dir auf einem silbernen Zeitstrahl in diese Situation zurückzureisen.

Nimm dein jüngeres Ich wahr, wie es möglicherweise versucht hat, sein Bestes zu geben. Schau liebevoll mit offenem Herzen auf dein jüngeres Ich in seiner großen Not und sei bereit, dir selbst zu vergeben. Für dein damaliges Ich war es in diesem Moment nicht möglich, anders zu handeln. Das, was du damals getan hast, war dein einziger Weg, weil du nicht den Abstand und die Reife hattest, die dir heute zur Verfügung stehen.

Lass den Segensstrom der Vergebung weiter durch dich strömen. Je mehr du dich dafür öffnest, desto leichter wird es dir fallen, Mitgefühl in deinem Herzen zu entwickeln, für dich selbst und für alle anderen Beteiligten. Spüre anschließend meine Hand, mit der ich dich immer noch halte und reise mit mir in die Gegenwart zurück.

169 Dein bestes Leben   **18. Juni**

Engel der Kreativität: Du bist ein kreativer Mensch. Mit deiner Kreativität erschaffst du dir dein Leben.

Über dein Kronenchakra lassen wir alle Farben des Universums in dich einfließen, damit deine Schöpfungskraft noch stärker werden kann. Erschaffe dir dein bestes Leben.

170 Weg in die Lebensfreude   19. Juni

Lass deine Wut und Trauer immer wieder wie Schatten hinter dir. Es wird dir guttun, dich auszuweinen, deine Wut herauszuschreien oder deinen Ärger in die Luft zu schlagen. Begib dich dazu an einen für dich sicheren Ort und bitte uns um einen heiligen Raum. Ein heiliger Raum ist ein energetischer Ort, wo sich deine belastenden Gefühle frei ausdrücken können, ohne dass eine Gefahr für dich oder andere entsteht. Nur Mut.

Auf diese Weise wirst du dich frei und freier fühlen, und es entsteht mehr Platz für deine natürliche Lebensfreude.

171 Tiefer blicken   20. Juni

Wir ehren deine Fähigkeit, fein zu hören und zu fühlen sowie hinter die Fassade eines Menschen blicken zu können. Doch bitte mach nicht den Fehler, nur auf die Defizite deiner Mitmenschen zu schauen und dich auf ihre Konflikte zu zentrieren.

Fühle stattdessen durch die emotionalen Schatten deines Gegenübers hindurch, in sein inneres Potenzial und vielleicht auch in seine seelische Aufgabe. Du weißt aus deinem Herzen und aus deinem eigenen Lebenslauf, dass ihr Menschen hier auf der Erde seid, um zu reifen und zu wachsen, indem ihr Konflikte löst.

Darum bitten wir dich, schaue durch die Konflikte der Menschen in ihr inneres Licht. Das tiefere Blicken wird dir Erkenntnis schenken und dich zufriedener stimmen.

172 Heilige Hochzeit* 21. Juni

In jedem Menschen gibt es eine weibliche und eine männliche Seite. Auf dem Weg der spirituellen Weiterentwicklung dürfen sie sich in Harmonie und Liebe miteinander verbinden. Lass die männliche Seite als goldenes Licht auf deiner rechten Seite erscheinen und die weibliche als silbernes Licht auf deiner linken Seite.

Lass sich beide Lichter mit unserer Unterstützung sanft und liebevoll in deinem Herzen verbinden und verschmelzen. Nimm dir Zeit dafür. Erlebe diesen mystischen Moment, wenn das goldene und silberne Licht eins werden. Spüre das Wunder der heiligen Hochzeit in dir, wenn aus zwei eins wird und der Moment im silbergoldenen Licht aufstrahlt.

173 Energetisch reinigen* 22. Juni

Wir Engel möchten dich unterstützen, dich energetisch zu reinigen. Nimmst du unseren Segen an, fließen fünf Lichtstrahlen von oben in deine Aura und in deinen Körper. Sie lösen Blockierungen in den Akupunkturpunkten auf, sodass deine Lebensenergie nach einer Weile wieder frei zu strömen beginnt.

Erlaube uns, dass wir alle Verhüllungen, Verknotungen und Blockaden in deinen Akupunkturpunkten auflösen, so wie es am Besten für dich ist. Konzentriere dich dabei auf den inneren Fluss deiner Lebensenergie.

174 Den Herzenswunsch manifestieren* 23. Juni

Du hast uns Engel gerufen und wir sind jetzt da, um mit dir etwas Wunderbares in die Welt zu bringen. Spüre unsere liebevollen Energien und lade gleichzeitig die kraftvollen Energien der Natur zu dir ein. Dabei ist es ganz gleich, wie weit der nächste Baum, ein Fluss oder ein See entfernt sein mögen. Verbindest du deine Energie mit den Kräften der Natur und uns Engeln, dann bildet sich ein heilender Raum.

Es wird ein besonderer Moment erschaffen, indem sich diese drei Kräfte, Natursein, Menschsein und Engelsein, vereinen. Dieser Kreuzungspunkt im Universum birgt eine starke Kraft der Manifestation.

Spüre die vibrierende Schöpfungsenergie in diesem Raum und beginne damit, deinen Herzenswunsch zu manifestieren, indem du dir seine Erfüllung mit allen Sinnen vorstellst. Visualisiere die Situation, in der sich dein Herzenswunsch erfüllt hat. Höre die passenden Worte oder Klänge und fühle die Freude über das Ereignis. Beende die Situation mit den Worten:

Möge dies oder etwas Besseres zu meinem höchsten Wohle und dem aller Beteiligten geschehen.

175 Diamantene Lichttropfen*   24. Juni

Bist du bereit für einen Segen der besonderen Art? Wenn du zustimmst, lassen wir Engel diamantene Lichttropfen vom Himmel fallen. Sie berühren nicht nur dein Energiefeld, sondern auch deinen Körper.

Besonders viele Tropfen werden dorthin fallen, wo es einen Bereich gibt, der besonders viel Zuwendung braucht. Erlebe, an welchem Ort sie sich verdichten und wie sie dort ihren diamantenen Glanz verströmen. Verweile einige Momente in dieser Erfahrung und lass das Diamantlicht wirken.

176 Friedvoll   25. Juni

Aus unserer Sicht bist du eine mutige Kriegerin/ein mutiger Krieger. Du bist mutig, weil du in der Lage bist, einen Kampf friedvoll zu beenden.

Als friedvolle Kriegerin/friedvoller Krieger ruhst du in deiner Kraft. Wer dich wahrnimmt, wird von deinem Frieden berührt.

177 Lebensmotto   **26. Juni**

Lebe verwurzelt wie ein Baum und mit federleichten Schwingen.

178 Goldene Lichtrose   **27. Juni**

Wir Engel schenken dir eine goldene Lichtrose. Visualisiere sie manchmal zwischen dir und deinem Gegenüber auf Herzhöhe. Das wird helfen, in deiner Energie zu bleiben und nur das von der anderen Seite zu dir zu nehmen, was du annehmen möchtest.

Ich lasse nur das zu mir, was liebevoll ist.
Ich lasse nur das zu mir, was rein ist.
Ich lasse nur das zu mir, was friedlich ist.

179 Strom der Liebe   **28. Juni**

Deine Liebe strömt oft zu Menschen die Probleme haben. Durch deine liebevolle Art fühlen sie sich angenommen und gestärkt. Doch manchmal hast du nicht bedacht, auch dich selbst in den Strom der Liebe zu stellen.

Fühle dich jetzt in den göttlichen Liebesstrom hineingestellt, der wie sanfte, goldene Lichtstrahlen vom Himmel kommt und deinen Körper und dein ganzes Energiefeld durchfließt bis in die Erde. Genieße es.

180 Das Neue ins Leben lassen   **29. Juni**

Noch wichtiger, als das Alte in deinem Leben loszulassen, ist in diesem Moment, das Neue hereinzulassen. Hole etwas Neues und Liebevolles in dein Leben. Das Neue sollte immer ein Aspekt der aktiv gelebten Liebe dir selbst gegenüber sein.

181 Aus dem Selbstwert handeln 30. Juni

Achte in deinen Beziehungen darauf, dass du dir deines Wertes bewusst bist oder noch besser, dass du in deinem Selbstwert ruhst.

Je mehr es dir gelingt, in der Mitte deines Selbstwertes zu sein, desto leichter kannst du Erwartungen deiner Mitmenschen durchschauen und aus deiner Mitte heraus entscheiden, wie du darauf antworten möchtest.

Du bist nicht dafür da, anderen zu dienen, sondern etwas Wertvolles zum Großen und Ganzen beizutragen.

Wir Engel senden unseren Segen in den Farben, die du liebst.
Lass ihn vom Himmel durch dich hindurchstrahlen
bis tief in die Erde hinein.

Juli

182 Krone des Herzens 01. Juli

Wir Engel setzen deinem Herzen eine Krone auf. Wir segnen dich als erwachender Mensch auf dieser Erde. Heile in unserem Segen.

Heile, damit ein Ausgleich geschehen kann zwischen Liebe geben und Liebe annehmen sowie zwischen irdischen und spirituellen Bedürfnissen. Finde dich in deinem Herzen ein, in deiner Menschenmitte. Sei ein Mensch, der in der Liebe ist.

183 Vertrauensweg 02. Juli

Es verschafft dir ein sicheres Gefühl, wenn du deine Aufgaben nach und nach gewissenhaft erledigst. Doch manchmal überwiegt das Prinzip des Funktionierens in deinem Alltag. Du strengst dich zu sehr an, sodass dein Gefühl der Lebendigkeit abnimmt.

Deshalb bitten wir dich, jetzt einen Moment innezuhalten und deinen Atem zu spüren. Nimm dich mit allen deinen Gefühlen wahr. Vertrau dich dem Fluss des Lebens an, bevor du wieder aktiv wirst.

Im Fluss des Lebens bleibe ich entspannt und vertraue.

184 Drei Spiegel 03. Juli

Ruf uns Engel zur Hilfe, wenn du einer Stärkung bedarfst. Wir möchten, dass es dir besser geht und deshalb sind wir mit drei großen Spiegeln bei dir. Im ersten Spiegel kannst du deinen reinen Geist erkennen und damit die Stille in dir. Im zweiten Spiegel siehst du dich mit deinem liebevollen Herzen. Als drittes spiegeln wir dir deine innere Kraft, die alles Schützenswerte behüten möchte.

Wir halten dir jetzt diese drei Spiegel hin. Lerne, Freude an deiner Stärke zu haben. Nimm wahr, dass du ein liebevolles Herz hast und erlebe, wie gut dir die Stille tut.

185 Sanfter Wille 04. Juli

Du hast einen starken Willen, der dazu führen kann, dass du über deine Grenzen gehst. Du forderst viel von dir, weitaus mehr als von anderen. Wir wünschen uns für dich, zu deinem höchsten Wohle, dass du sanfter mit deinem inneren Willen umgehst.

Wir Engel sehen dich in deiner Stärke, doch wir sehen dich auch in deiner Ruhebedürftigkeit. Wir bitten dich, ein Stück der Strenge abzugeben, die mit deinem Willen verbunden ist. Gib uns deine Strenge, und lass uns das in dein Leben bringen, was dir Leichtigkeit schenkt und Freude vermittelt.

186 Guter Rat 05. Juli

Tue das, was deinem Herzen dient und deinem Bauch Freude macht.

187 Erreichtes und Erlöstes 06. Juli

Schau heute nicht auf das, was dich belastet. Wende deine Aufmerksamkeit dem Erreichten und Erlösten in dir zu. Nimm wahr, was dir bereits gelungen ist und was heil in deinem Leben wurde.

Konzentrierst du deine Aufmerksamkeit darauf, können diese Qualitäten noch strahlender und freier in dir wirken und deine Freude darüber kann wachsen. Auf diese Weise vertieft sich deine Entspannung und alles in deinem Leben beginnt, in seinem eigenen Licht zu leuchten.

188 Versprechen   07. Juli

Je schwieriger deine Aufgabe ist, umso lichtvoller sind wir Engel bei dir.

189 Bleibe liebend   08. Juli

Sei heute eine Liebende/ein Liebender. Bist du in der Liebe, verwandeln sich alte Muster der Sorgen und des Kummers sowie Gewohnheiten der Eile und des Leistungsdrucks. Wir Engel stärken deine Kraft, liebend zu sein und zu bleiben.

Bleibe liebend, wenn du allein bist oder zu zweit. Bleibe liebend in der Stille und im Lärm einer Menschenansammlung. Bleibe liebend, wenn dir Entscheidungen von anderen nicht gefallen. Bleibe liebend.

Frage: In welcher Situation fühlst du dich heute herausgefordert, liebend zu bleiben?

190 Vollkommene Regeneration*   09. Juli

Erzengel Raphael: Vollkommene Regeneration kann es nur in vollkommener Lösung geben. Sei bereit für eine tiefe Entspannung. Lass dich vollkommen in meine Arme sinken, mit allen deinen Gefühlen, mit deinen Widerständen und mit allen deinen Alltagssorgen.

Ich lasse alles los. Ich lasse mich sinken in das, was jetzt ist, sodass sich in dieser vollkommenen Lösung vollkommene Regeneration ereignen kann. Meine Heilung findet in tiefster Ruhe statt. Sie findet an dem Ort statt, an dem es kein Wollen mehr gibt, keine Gedanken, sondern nur das was ist.

191 Aus dem Traum erwachen   10. Juli

Erwache aus dem Traum, der nicht deiner ist. Mache dir bewusst, dass deine Wünsche, Bedürfnisse und Sehnsüchte kostbare Schätze sind, die du tief in deinem Herzen verborgen hast. Du gestehst sie dir manchmal nicht ein, weil du anderen Menschen gefallen willst.

Löse dich von den Wünschen und Erwartungen wichtiger Menschen aus deiner Vergangenheit und Gegenwart und erkenne den großen Wert deiner eigenen Träume. Deinen Wünschen und Bedürfnissen sollen Flügel wachsen. Beginn dein Leben nach deinen Wünschen zu gestalten und schaue voller Freude in deine Zukunft.

Fragen: Von welchen Erwartungen deiner Mitmenschen möchtest du dich lösen? Welche Freiheit entsteht dadurch? Wozu möchtest du die Freiheit nutzen?

192 Versorgt sein   11. Juli

Engel der Mütterlichkeit: Du bist für mich wie ein Kind, wenn ich dir meine Geborgenheit, meine Liebe und mein Licht schenke. Auch du brauchst Liebe, eine Umarmung und einen Zeitraum vollkommenen Schutzes.

Ich bin hinter dir, mein liebes Kind, spüre mich mit meiner Wärme. Es ist Zeit, dass nicht nur du Fürsorge schenkst, sondern dass auch du mütterliche Fürsorge und Annahme erfahren darfst. Du brauchst nichts zu tun, um meine Liebe zu erhalten. Sei einfach nur da und ruhe dich aus. Ruhe tief in diesem Raum der Geborgenheit.

193 Gegenwärtigkeit   12. Juli

Engel der Lebendigkeit: Vom Himmel her lasse ich Ruhe in dein Sein sinken. Lass die Ruhe des Seins durch deinen ganzen Körper strömen und entfalte dein Sein in der Klarheit des Augenblicks.

Löse dich von allen eingrenzenden Konzepten und Glaubenssätzen, die in vergangenen Zeiten zu deinem Schutz gedacht waren. Öffne dich der Stille des Seins. In ihr ist das Handeln und das Nichthandeln von gleicher Bedeutung. Alles ist durchdrungen von Gegenwärtigkeit.

194 Grenzen der Verantwortung 13. Juli

Wir Engel geben dir symbolisch einen Stift in die Hand, damit du eine Grenze ziehen kannst, zwischen deiner Verantwortung und der Verantwortung anderer. Auch wenn es in Ordnung ist, Verantwortung für andere zu übernehmen, wenn du in deiner Kraft bist, hast du doch das Recht, deine Grenzen zu zeigen.

Kommuniziere deine Grenze gegenüber anderen klar und freundlich. Möglicherweise kann deine Umwelt deine Grenzen besser akzeptieren als du selbst.

Frage: Bei welchen Menschen wirst du heute den „Stift" einsetzen?

195 Zur Tat schreiten 14. Juli

Engel der Tat: Sei gesegnet mit der Kraft der Schaffensfreude. Ich helfe dir dabei, zu dir selbst zu stehen und das zu tun, was dich voranbringt.

Stehe auf und schreite zur Tat. Du bist nicht allein.

196 Falschen Stolz loslassen 15. Juli

Sei bereit, alten Ballast hinter dir zu lassen und mutig einen Schritt nach vorne zu gehen. Wir Engel sehen, dass du bereit bist, dich in deinem Leben neu zu gründen und das Einzige, was du zu verlieren hast, ist dein falscher Stolz. Lass dein altes Ich los und schreite durch das Tor der Erneuerung.

Frage: Von welchem falschen Stolz möchtest du dich jetzt verabschieden?

197 Strom des Seins   **16. Juli**

Jeder Augenblick ist vollkommen. Du bist in jedem Augenblick vollkommen, wenn du dich für den tiefen Strom des Seins öffnest. Probiere es aus, indem du mit jedem Ausatem dich mehr spürst, dich mehr sein lässt, mit allem was du wahrnimmst. Öffne anschließend mit jedem Ausatem deine Wahrnehmung für das, was dich umgibt.

Je selbstverständlicher es für dich wird, dich aus dieser tiefen Ebene heraus wahrzunehmen, desto leichter, friedvoller und liebevoller wird dein Verhältnis zu dir selbst und der Kontakt zu deinen Mitmenschen werden.

198 Weg in die Zukunft   **17. Juli**

Genieße das Licht und die Schönheit dieser Welt, denn dafür bist du durch Krisen gegangen. Genieße die Freiheit, die vor dir liegt. Als lichtvoll und strahlend sehen wir dich auf deinem Weg in die Zukunft.

199 Anmut   **18. Juli**

Engel der Anmut: Geh anmutig durch dein Leben. Verbinde deine vorwärts gerichtete Kraft mit Leichtigkeit. Spüre den Schwung deiner Schritte und halte dabei dein Ziel fest im Blick.

200 Lichtkreis   **19. Juli**

Bist du in Not, dann rufe uns Engel hinzu. Wir werden sofort da sein und einen Lichtkreis um dich ziehen, in dem du dich sicher fühlen kannst. In diesem Kreis kannst du in deiner Kraft bleiben und dich beschützt fühlen.

201 Am sicheren Ufer 20. Juli

Schau auf deine früheren Ängste und Blockierungen. Nimm wahr, dass sie fort sind. Mach dir bewusst, dass du gereift bist, auch wenn du es noch nicht ganz glauben kannst. Nimm wahr, dass du jetzt dein inneres Wesen viel mehr strahlen lassen kannst als früher.

Du brauchst manche schmerzvollen Tiefen nicht immer wieder neu zu durchschreiten. Höre auf, nach Lösungen zu suchen, wenn dein Problem längst gelöst ist. Du stehst am sicheren Ufer.

202 Über die Schwelle schreiten 21. Juli

Als dein Engel bin ich immer für dich da, vor allem dann, wenn du an der Schwelle zu einer neuen Bewusstseinsebene stehst. Glaube mir, es wird noch viele dieser Schwellen in deinem Leben geben.

Du hast dich bereits entschieden, dich so zu akzeptieren, wie du bist. Hast du die nächste Schwelle überschritten, wird es dir noch leichter gelingen, dich selbst mit allen deinen Stärken und Schwächen zu lieben. Schreite jetzt über diese Schwelle.

Frage: Was bedeutet es konkret für dich, über diese Schwelle zu schreiten? Was bedeutet Selbstliebe für dich?

203 Deine wahre Natur 22. Juli

Engel der Meditation: Stille, meine liebe Seele, ist deine wahre Natur. Lausche nach innen und erkenne dich hinter deinen Gedanken, Gefühlen und Empfindungen als das stille immerwährende Bewusstsein, das du bist.

Anregung: Versuche in der Pause zwischen deinen Gedanken zu verweilen und dich in ein Wohlgefühl einzulassen.

204 Alles ist neu 23. Juli

Engel mit Trompete: Schau, es ist alles neu. Alles was du beginnst ist neu, unverbraucht und rein. Komm gemeinsam mit uns Engeln in den Augenblick, in dem das Licht des Bewusstseins scheint. Im Augenblick hast du die Vergangenheit wie einen alten Umhang hinter dir gelassen. Im Augenblick ist alles gut.

Wir Engel sehen wohl, dass du dich mit unserer Betrachtungsweise noch nicht sicher fühlst. In dieser Situation stärken, segnen und schützen wir dich, damit es dir leichter fällt, im Augenblick zu leben.

205 Zeit für Ruhe 24. Juli

Nimm dir Zeit für dich und ruhe. Wir Engel lieben dich nicht nur, wenn du an der Verbesserung der Welt arbeitest, sondern auch dann, wenn du nichts tust. Finde heute immer wieder Räume der Ruhe, sowohl im Außen als auch im Innen. Tauche in diese Ruhe ein und lebe aus ihr heraus. Ruhe öffnet dich für die tiefere Dimension des Seins.

206 Der Seele Raum geben 25. Juli

Wir Engel sind hier und geben deiner Seele Raum. Doch gibst auch du deiner Seele Raum?

Erlaube dir, aus deiner Anspannung auszusteigen. Löse dich aus ihr heraus wie aus einer zu engen Jacke. Schaffe dir innerlich und äußerlich einen Ort der Geborgenheit. Lege heute zwischendurch eine Hand auf deinen Bauch und die andere auf dein Herz und sprich:

Ich erlaube es mir jetzt, mir selbst nah zu sein.
Ich ziehe mich zurück aus den Aktivitäten des Alltags
und lasse es um mich herum und vor allem in mir weit werden.
Ich entspanne mich in diese Weite hinein
und gebe so meiner Seele Raum.

207 Rosafarbenes Lichtfeld*   **26. Juli**

Engel des rosa Strahls: Wir möchten, dass es dir gutgeht und dass du dich selbst so liebst, wie wir dich lieben. Wenn du es uns erlaubst, schaffen wir jetzt ein rosa Lichtfeld um dich herum, das dich besänftigen und beruhigen kann. Wir sind hier, um dich in deine Sanftheit zurückzuführen.

Das rosafarbene Lichtfeld hilft dir, still zu werden und dich mit den freundlichen und liebevollen Qualitäten deines Herzens zu verbinden. Du bist es selbst, die/der dir am nächsten steht.

Wir lieben dich mit deiner sanften Seite, mit deiner Empfindsamkeit, die einzigartige Farben und Schwingungen hervorruft, bis ins Feinste. Sensibilität ist keine Schwäche, sondern etwas Zartes, das deines Schutzes bedarf. Erwarte nicht den Schutz von anderen, sondern schenke ihn dir selbst.

208 Vertraue deinem Weg   **27. Juli**

Vertraue deinem Weg und entscheide dich aus deinem Herzen heraus. Lass dich von den Menschen anziehen, mit denen du kreativ sein kannst und die deine Herzensweisheit zu schätzen wissen.

Verliere deinen Blick nicht im Schauen auf die Stärke der anderen, sondern bleibe in deiner Stärke verankert. Erlebe dich in deinem Leuchten, in deiner Einzigartigkeit und in deinem kreativen Sein.

209 Sage Ja   **28. Juli**

Engel der Lebenslust: Sage Ja zu deiner Lust. Sage Ja zu deiner Bewegungsfreude. Sage Ja zu deiner gesunden Aggression. Sage Ja zu allen deinen Wünschen, die du dir erfüllen möchtest.

Sage Ja zu deinen Gestaltungskräften und nutze sie, um Farbe, Lebendigkeit und Tanz in dein Leben zu ziehen. Hole dir die Nahrung, die dein Lebensfeuer braucht, um kraftvoll zu brennen.

Frage: Was heizt dein Lebensfeuer an?

210 Die Goldene Acht*   29. Juli

Liebster Mensch, als Zeichen unserer Wertschätzung schenken wir dir eine goldene Acht. Wir schwingen sie ganz fein in deine Aura ein. Ihre Mitte befindet sich in deinem Taillenraum. Von dort aus schwingt sie nach rechts über deine Schulter hinaus nach oben bis ca. 30 cm über deinen Kopf. Sie schwingt großzügig an der linken Seite des Kopfes abwärts zum Taillenraum zurück.

Von dort fließt sie weitläufig über die rechte Beinseite hinaus abwärts bis ca. 30 cm in den Boden, um von dort aus über die linke Beinseite hinaus aufwärts bis zum Taillenraum zurückzuschwingen. Erlebe das sanfte Schwingen der Acht und folge mit deiner Aufmerksamkeit ihrem Verlauf.

Anregung: Folge der goldenen Acht immer dann, wenn du dich blockiert fühlst. Auch bei Krankheit kann sie dir helfen, leichter in einen inneren Fluss zurückzukehren.

211 Tröstend   30. Juli

Wir umarmen dich mit deiner seelischen Verletzung. Wir sind bei dir und tupfen unser silbernes Licht auf deine Wunden. Wir unterstützen dich dabei, dich selbst in deinem Schmerz lieb zu haben, denn die Liebe zu dir selbst ist die Basis für deine Weiterentwicklung und Heilung.

Jede deiner Verletzungen ist eine Chance, über dein altes Ich hinauszuwachsen, in ein größeres und erfüllteres Leben hinein.

212 Gnade und Barmherzigkeit*   31. Juli

Der Engel des silbernen Strahls: Gnade und Barmherzigkeit habe ich dir mitgebracht. Lass jetzt mein silbernes Licht in deinen Körper fließen. Es strömt zu allen inneren Organen, um sie zu stärken.

Konzentrierst du dich auf ein Organ, wird dort mein silberner Fluss noch weiter zunehmen können.

Lass deinen Verstand dabei still werden, indem du mit allen Sinnen in mein Silberlicht tauchst. Wie erlebst du seinen Klang? Wie intensiv leuchtet es? Wie fühlt es sich in dir an? Wie riecht es? Wie schmeckt es?

Verweile so lange in meinem silbernen Licht, wie es dir guttut.

Lass los und werde still, ganz still.
Sprich in diese Stille deinen tiefsten Herzenswunsch,
damit er Wirklichkeit werden kann.

August

213 Ordnende Stille   **01. August**

Engel der Stille: Schick die „Dämonen" der Hast, der Eile und des Leistungsdrucks aus dem Raum und lass es jetzt in dir still werden. Erlebe, wie die Stille dich neu ordnet. In der Stille wird sich dein Körpersystem ausbalancieren, deine Erdung wird zunehmen und dein Geist wird klarer werden. Aus der Stille heraus wirst du die besten Ideen haben.

Löse dich auf diese Weise von deinem Stress und den Erwartungen der Menschen um dich herum und erinnere dich daran: Du bist die Meisterin/der Meister deines Lebens.

214 Willkommen im Augenblick   **02. August**

Engel des Augenblicks: Ich segne dich in deinem Sein. Ich stärke deine Wahrnehmung für das, was unmittelbar um dich herum geschieht. Bist du bei mir, bist du im Augenblick und im Augenblick sind die Dinge so wie sie sind. Sie sind weder gut noch schlecht und sie sind weder klein noch groß.

Nimm wahr was geschieht, wenn du dich weder mit deinen Gefühlen identifizierst, noch deine gegenwärtige Lage bewertest. Dadurch kann eine neue Sicherheit außerhalb deines üblichen Bewertungssystems entstehen.

Sie ist sowohl unabhängig von den Erfahrungen deiner Vergangenheit als auch von deinen Zukunftserwartungen. Willkommen in diesem Augenblick.

215 Blick ins Tal   03. August

Du gehst den Pfad der Heilung und es scheint, als würde dieser Weg immer nur bergauf gehen. Er ist mühsam, denn ein Schmerz nach dem anderen zeigt sich und möchte angenommen und gelöst werden.

Doch dieser Weg ist lohnend, denn nach jeder Kurve wartet ein neuer wunderschöner Blick ins Tal auf dich mit all dem, was du schon erreicht hast.

Voller Freude kannst du in deine eigene reine Tiefe sehen, die du befreit hast.

216 Feines Hören   04. August

Du hörst die feinen Nuancen, wenn andere Menschen sprechen. Höre, was sie sagen und erkenne das, was sie eigentlich meinen. Beginne damit, deine feine Wahrnehmung zu schätzen und lass dich dabei nicht beirren. Akzeptiere dich selbst mit deiner feinen Empfänglichkeit.

Doch als eine fein Hörende/ein fein Hörender brauchst du immer wieder einen ausreichenden Schutz. Du brauchst Zeiten tiefer Ruhe, in der die Stille sich nicht nur in deinem Hören ereignet, sondern in deinem ganzen Sein.

217 Bewährungsprobe   05. August

Sieh deine momentane Lebenssituation als Bewährungsprobe. Du hast in den letzten Monaten und Jahren vieles dazugelernt. Du kannst besser auf dich achtgeben und deine Grenzen respektieren.

Erinnere dich an all das Gelernte, das mühsam Erarbeitete und auch das Verwandelte in dir. Auf diese Weise wird sich ein starkes Selbstvertrauen in dir bilden, mit dem du die Herausforderungen des Alltags gut bewältigen kannst.

218 Ein glücklicher Tag 06. August

Wir Engel möchten dich glücklich sehen. Bist du bereit, mehr Glück in dein Leben zu lassen, beginnen wir damit, deine Alltagsbelastungen aus deiner Aura zu waschen, die wie Schatten dein Strahlen verdunkeln.

Dazu senden wir dir weißes Licht vom Himmel, das sanft durch dein Energiefeld fällt. Lass es einfach geschehen. Anschließend durchströmen wir dich mit einem sanften und doch leuchtenden orangefarbenen Licht, das dir helfen wird, dich für die Freude zu öffnen.

Schließlich beschenken wir dich mit einem tiefen Blau, dass dich an göttliche Ordnung anschließt. Verbring einen glücklichen Tag!

219 Die Liebe ist ein Geschenk 07. August

Deine Liebe ist wie ein goldenes, warmes Licht, das aus dir strömt, um dich selbst und andere zu beglücken. Doch du brauchst auch die Liebe der anderen. Übe es heute, die Liebe deiner Mitmenschen ganz bewusst anzunehmen. Bleibe dabei verwurzelt in deiner Liebe zu dir, während du die Liebe anderer entgegennimmst.

Liebe lässt sich nicht einfordern, sie ist immer ein kostbares Geschenk.

220 In der Kraft sein 08. August

Du bist für dich alleine stark und brauchst die anderen nicht als Stütze. Alle um dich herum möchten dich strahlen sehen. Sie möchten teilhaben an deinem Glück und an dem, was du der Welt zu schenken hast.

Die Geschenke, von denen ich spreche, kosten dich keine Energie, denn sie sind nicht mit einem Kraftverlust verbunden. Das größte Geschenk, das du anderen machen kannst, ist, dass du so bist wie du bist. Sei in deiner Kraft, bleibe in der Ausrichtung auf dein Ziel und erhalte dir deinen Schwung.

Ermögliche es deiner Umwelt, dich in deiner Größe und in deiner Stärke wertzuschätzen.

221 Überraschung   09. August

Du hast dir dein Leben eingerichtet. Mit dem, was du über das Leben denkst, bist du vertraut und du stellst es nicht mehr in Frage. Meinst du nicht, dass du mit deinen Gedanken über dich und über dein Leben etwas kreativer umgehen könntest?

Warum hältst du an alten Denkmodellen fest, wenn das Leben dich doch kreativ überraschen möchte? Mit dir selbst.

222 Deine weibliche Seite   10. August

In jedem Menschen gibt es neben der männlichen eine weibliche Seite. Sie ist annehmend, fürsorglich, fließend und voller Wärme für all das Unerlöste in dir. Öffne dich für diese Seite. Es ist die weibliche göttliche Seite, die in dir wirkt. Wir Engel unterstützen dich dabei, ihr mehr Raum zu geben.

Frage: Wie kannst du heute deiner weiblichen Seite mehr Raum geben?

223 Zärtlichkeit   11. August

Engel der Zärtlichkeit: Ich umhülle dich mit rosafarbener und weißer Energie. Ich berühre damit sanft deine Haut und lade dich ein, dich selbst in den Arm zu nehmen. Schließe für einen Moment sanft die Augen, um ganz bei dir selbst anzukommen.

Lass dich dabei in mein zartes Sein sinken, lass los in mein dich tragendes Energiefeld. So bin ich bei dir und begleite dich auf dem Weg zu dir selbst, zurück in die große Weisheit deiner Seele.

224 Zuhause   12. August

Zeiten ohne Aktivität zu erleben, müssen nicht mit Schmerz verbunden sein, nicht mit Unruhe, Einsamkeit oder Enttäuschung. Entscheide dich dafür, die Stille bewusst wahrzunehmen und dich auf sie einzulassen, damit sie dich zu dir selbst zurückführt.

In diesem Augenblick kannst du dich für dein Sein öffnen. Es ist das Einzige, das dich wirklich nährt. In deinem Sein ist es nicht von Bedeutung, ob du handelst oder nicht. Von Bedeutung ist allein die Stille des Seins. Hier bist du zuhause.

225 Freude an der Leistung   13. August

Engel der Stärke: Aus deiner Kraft heraus leistest du viel Gutes. Wir Engel bitten dich, dass du nach jeder vollbrachten Tat einen Moment innehältst, um dich selbst damit anzuerkennen.

Freue dich darüber, dass dir dieses Ergebnis möglich war. Freue dich über deine positiven Absichten, über deine Kreativität und Leistungsstärke sowie über dein gutes Wesen.

Anregung: Fang am besten sofort damit an.

226 Sich als Lichtbaum erleben*   14. August

Naturengel: Wie ein Baum aus strahlendem Licht erscheine ich vor dir, damit du dein Energiefeld mit Hilfe meiner Gestalt erweitern kannst. Lass mich dich dabei unterstützen, für eine Weile selbst zu einem Baum aus Licht zu werden, damit du dich in deiner Aufrichtung und Stärke besser spüren kannst.

Mit meiner Hilfe wird es dir leicht fallen, Lichtwurzeln aus deinen Füßen wachsen zu lassen, die bis tief in die Erde reichen. Nimm Kraft aus der Erde auf und lass sie durch deine Achse aufwärts fließen.

Richte dich auf diese Weise von unten nach oben auf. Erreicht die Kraft dein Herz, können sich Lichtäste bilden, die nach oben und zu den Seiten wachsen, mit vielen Blättern, die in der Sonne leuchten. Empfange das Sonnenlicht wie einen Segen. Lass es durch dein ganzes Wesen strömen, bis in die Erde.

Erlebe dich als Lichtbaum.

Anregung: Du kannst diese Meditation im Sitzen oder Stehen durchführen. Lass dir von der Lichtbaum-Meditation besonders in Situationen helfen, in denen du dich niedergedrückt fühlst, neue Kraft oder Mut benötigst.

227 Arbeitsteilung   **15. August**

Du hast dich angestrengt, um deine Sache gut zu machen. Du hast dich möglicherweise überfordert, weil du für alle nur das Beste wolltest. Erkenne jetzt, dass es darum geht, einfach nur du selbst zu sein und deinen Beitrag zu einer Sache zu geben.

Beschränke deinen Beitrag auf das, für das du wirklich verantwortlich bist. Wir Engel werden unsere Arbeit machen. Nimmst du diese Arbeitsteilung an, wird dich das frei machen und dir gute Laune schenken.

Ich brauche nur ich selbst zu sein und durch meine Bitte werden die Engel das Ihre dazutun. Danke, liebe Engel, dass ihr mich entlastet. Danke, dass es euch gibt und wir diese wunderbare Arbeitsteilung haben.

228 Locker bleiben   **16. August**

Wir Engel sehen, dass du eine gute Sache vertrittst. Fühle dich frei, ihr zu dienen. Entspanne dich bei der Umsetzung der nächsten Schritte und bleibe locker.

229 Frieden und Freude   17. August

Wir Engel ehren dich für deinen starken Willen, deine Ziele zu verwirklichen. Doch der Wille allein ist manchmal nicht genug. Wir Engel möchten dich dabei unterstützen, mehr Frieden und Freude in dein Leben zu lassen. Sprich dazu mit uns gemeinsam:

Frieden und Freude in meinem Denken. Frieden und Freude in meinen Gefühlen. Frieden und Freude in meinem Atem. Frieden und Freude in meinem ganzen Sein.

Wir Engel danken dir, dass du Frieden und Freude in dein Leben lässt.

230 Zarter Schutz   18. August

Naturengel: Du bist so fein und zart in deinem Wesen, deshalb brauchst du einen Schutz, der dich stärkt. Deshalb senden wir dir feine Düfte aus der Natur, Pflanzenessenzen und die Heilkräfte der Blütendevas, um dich zu behüten. Das wird dir helfen, dein Energiefeld zu stärken, damit dir Menschen nicht zu nahe kommen, und du doch so nahe bei deinen Mitmenschen sein kannst, wie du es möchtest.

Anregung: Halte die Augen, Ohren und dein Herz offen, ob dir in nächster Zeit Pflanzenkräfte begegnen, die dich bei bestimmten Lebensthemen unterstützen können, beispielsweise Blütenessenzen.

231 Der Glückskörper*   19. August

Wir Engel möchten dir vergegenwärtigen, dass es in deiner Aura einen Glückskörper gibt. Erlaubst du es, verbinden wir jetzt deinen Glückskörper mit deinem physischen Körper durch strahlendes weißes Licht.

Damit möchten wir dir die Erfahrung deines inneren Glücks, deiner Harmonie und deines vollkommenen Wohlbefindens ermöglichen.

Durch dieses strahlende Licht können sich Blockaden in dir lösen, sodass deine Lebensenergie dich frei und freier durchschwingt. Erlebe höchstes Glück in deinem physischen Körper.

232 Heiliger Tempel*   20. August

Engel der Transformation: Ich hülle dich mit meinen magentafarbenen Tönen ein, damit es dir leicht fällt, still zu werden. Schwinge dich auf diese Weise auf eine hohe spirituelle Ebene empor.

Visualisiere anschließend einen Tempel um dich herum. Kehre ein, liebe Schwester/lieber Bruder, in deinen eigenen Tempel, der seinen Ursprung tief in deiner Seele hat. Er entfaltet sich jetzt in aller Pracht in lichtvollen Farben in deinem Raum.

Nimm dir Zeit, dich in deinem Tempel umzuschauen und dich wohlzufühlen. Wir Engel haben dir dort eine Botschaft für deine seelische Entwicklung hinterlassen. Sei bereit, sie zu finden und zu empfangen.

233 Selbstliebe schützt   21. August

Die Liebe zu dir selbst schafft ein warmes, leuchtendes Feld um dich herum, in dem du dich geborgen fühlen kannst. In deiner Liebe zu dir schaffst du eine neue Ordnung in dir selbst und in deinem Alltagsleben. Das gibt dir Sicherheit und die Möglichkeit, deine Mitmenschen dabei zu unterstützen, in ihrem Leben Ordnung zu schaffen. Deine Selbstliebe schützt dich dabei vor Überforderung.

234 Behaglichkeit   22. August

Mach es dir im Laufe des Tages immer wieder behaglich. Es gibt keinen Grund, angespannt durch dein Leben zu gehen. Lass in deinen Schultern los und spüre deinen Atem bis hinunter in deinen Bauch.

Durch Anspannung kommst du nicht schneller zum Ziel. Mach es dir behaglich und lass den Dingen ihren Lauf.

235 Heiliger Rhythmus   23. August

Engel des heiligen Rhythmus: Du läufst zu schnell. Es ist schön, an deiner Seite zu gehen, doch du rennst mir manchmal davon. Oft eilst du mir voraus, sodass ich dich nach einer Weile erschöpft wiederfinde. Dann möchte ich dich in die Ruhe hineintragen, damit du dich erholen kannst.

Zu jeder Aktivität gehört Passivität, zu jeder Anstrengung das Loslassen und zu jedem Willen die Hingabe. Verbindest du dich mit mir, kehrst du zu deinem heiligen Rhythmus zurück. So kommst du ins Gleichgewicht zwischen deinen aufnehmenden und gestaltenden Kräften.

Lass alles kommen und wieder gehen im natürlichen Fluss des Lebens.

236 Segen in der Nacht   24. August

Wünschst du dir in der Nacht unsere Unterstützung, schaue hoch zum Himmel. Verweile für einige Momente in der Betrachtung des Himmels und wir werden dir unseren Segen senden.

Das Firmament soll stets dein Sternenzelt sein, das dir in der Dunkelheit leuchtet. Es soll dir Schutz, Orientierung, Geborgenheit und vollkommene Anbindung an das ewige Licht geben. Du lebst in unserem Segen.

237 Selbstgenügsamkeit   25. August

Wir wissen, dass du dir wünschst, intensiv mit uns Engeln zusammen zu sein. Bist du mit uns verbunden, fühlst du dich frei und bewegst dich mit uns durch die höheren Dimensionen. Dort fühlst du dich heimisch. Bist du dagegen mit deinem Bewusstsein in deinem Alltag, fällt es dir manchmal schwer, dir selbst genug zu sein.

Lerne Selbstgenügsamkeit in dem Sinne, dass du beginnst, deine Präsenz auf der Erde zu schätzen. Lerne, dir eine liebe Freundin/ein lieber Freund zu sein und mit dir selbst eine gute Zeit zu verbringen.

Öffne dich für das innere Glück, du selbst zu sein, mit beiden Füßen auf der Erde stehend und vom Himmel gesegnet.

238 Achtsamer Umgang 26. August

Du bist eine verletzte Heilerin/ein verletzter Heiler und das macht dich als Heilerin/Heiler oder als Beraterin/Berater stark. Du hast ein inneres Feuer für deinen eigenen Entwicklungsprozess entfacht. Aufgrund deiner eigenen heilsamen Erfahrungen kann in dir der Wunsch entstehen, auch deinen Mitmenschen Heilungsimpulse zu vermitteln.

Achte darauf, dein Wissen und deine Kompetenz nur dort einzusetzen, wo dies ausdrücklich gewünscht ist.

239 Segen des Ahnenfeldes 27. August

Engel der Ahninnen und Ahnen: Du bist das strahlende Licht und der Höhepunkt deiner Ahnenreihe. Du lebst auf der Grundlage von vielen Leben vor dir. Empfange die tiefen Herzenswünsche deiner vielen Großmütter und Großväter als ihr geliebtes Kind:

„Du sollst unsere Krönung und unser helles Licht sein. Sei du das strahlende Glück, das uns oft verwehrt war. Wir möchten dich im Glücksstrom sehen. Sei deshalb gesegnet von den Sternen und von der fruchtbaren Erde. Dein Körper soll durchstrahlt sein mit diesem Segen und mit dem Segen unserer liebenden Herzen."

Anregung: Verbinde dich mit diesem Segen deiner Ahninnen und Ahnen, wenn du im Alltag Kraft benötigst.

240 Der Kampf ist vorbei*   **28. August**

Engel des Friedens: Ich komme dir näher und lege eine Hand auf deinen Rücken auf der Höhe des Herzchakras. Spüre bitte meine warme Energie. Nimmst du sie nach einer Weile wahr, lege ich meine andere Hand auf die gegenüberliegende Seite. Über meine beiden Hände lasse ich meine Friedensenergie in dich einströmen.

Mach dir bitte bewusst, dass dein Kampf vorbei ist, denn die Menschen, die dich in der Vergangenheit verletzt haben, können deine Wunden nicht heilen. Beende sinnlose Kämpfe mit deinen Mitmenschen, denn niemand kann dich verletzen, wenn dein inneres Kind sicher in deinem Herzen ruht.

241 Entscheidungen treffen   **29. August**

Engel der Klarheit: Nimm dir etwas Zeit, um in deinen Bauch zu spüren, dem Ort deiner Kraft. Kehre heute immer wieder dorthin zurück und entwickle ein klares Ja oder Nein zu den Bedürfnissen und Anfragen deiner Umwelt.

Triff deine Entscheidungen und sprich sie deutlich aus.

242 Vertrauenspflänzchen   **30. August**

Niemand erwartet von dir, dass du anderen schnell vertraust. Dein Vertrauen ist wie ein kleines Pflänzchen. Irgendwann kann es zu einem großen, eindrucksvollen Baum werden, doch das braucht Zeit.

Schau in deinem Alltag immer mal wieder auf das Pflänzchen des Vertrauens, denn durch deine positive Zuwendung kann es allmählich wachsen. Wir Engel begleiten dich auf dem Weg des Vertrauens.

Frage: In welchem Lebensbereich wünschst du dir mehr Vertrauen.?

243 Sorgen übergeben   **31. August**

Sprich mit uns Engeln und teile uns mit, um wen du dir Sorgen machst. Gib diese Belastung in unsere Hände. Das wird dir leichter fallen, wenn du unserem Gebet folgst.

Ich entlasse alle meine Sorgen und übergebe sie dem göttlichen Heilstrom. Möge das Beste für .... (Setze die Namen der Menschen ein, um die du besorgt bist.) *geschehen.*

Möge das Beste auch für mich geschehen und für die ganze Welt. Ich bitte um einen heilenden Segen für .....(Namen einsetzen).

Ich bitte um einen heilenden Segen für alle Beteiligten und auch für mich. Ich danke für die Ruhe und Erleichterung, die ich jetzt empfinden darf.

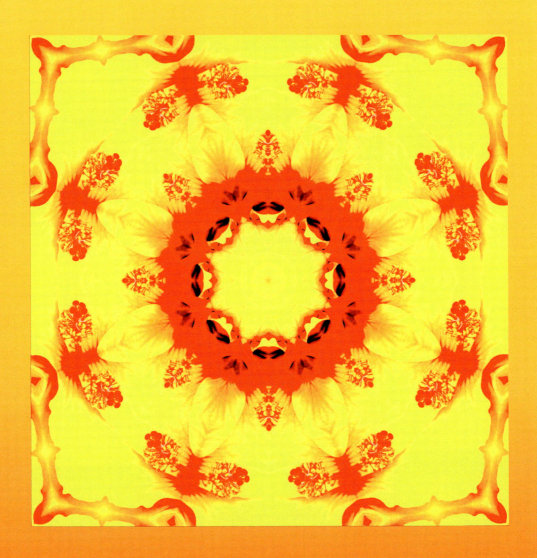

Wir senden dir goldenes Licht,
sodass sich alle deine Zellen reinigen,
stärken und optimal zusammenarbeiten.

September

244 Die Sicherheit des Hier und Jetzt   01. September

Schau dir genau an, wogegen du kämpfst. Oft sind es die Geister deiner Vergangenheit, also deine früheren Ängste, gegen die du antrittst.

Erkenne mit uns Engeln gemeinsam, dass es nur Geister sind, gegen die du dein Schwert führst, denn im Hier und Jetzt bist du sicher.

Du kannst dich sicher fühlen, weil du dich selber hast. Deine Sicherheit wohnt im Hier und Jetzt, denn dort steht dir deine Kraft, deine Intelligenz und deine Herzensgüte vollständig zur Verfügung.

245 Perfekter Bauplan*   02. September

Heilengel: Dein physischer Körper und dein höchster Lichtkörper sind eng miteinander verbunden. Dein höchster Lichtkörper webt seine Informationen ständig in den physischen Körper hinein. Er durchwirkt jede Zelle mit Informationen des Heilseins und der Harmonie.

Öffne dich aus deiner Stille heraus für den perfekten Bauplan deines Körpers. Erlebe, wie deine Zellen im höchsten Licht leuchten und mit Informationen der Gesundheit, Kraft und Vollkommenheit versorgt werden.

246 Liebe zwischen Himmel und Erde 03. September

Suche nicht auf der Erde das, was es nur im Himmel gibt. Von deinen himmlischen Brüdern und Schwestern wirst du bedingungslos geliebt. Auf der irdischen Ebene gibt es Liebe, die wunderschön ist, sie bedarf jedoch einer Begrenzung bedarf. Lebst du eine aktive Liebe zu dir selbst, wirst du dich nicht in der Liebe zu anderen Menschen verlieren.

Stell die Liebe zu einem Menschen nicht über die Liebe zu dir selbst, sondern sei es dir wert, dass du dich selbst liebst.

247 Silbermond* 04. September

Begib dich mit deiner Aufmerksamkeit in deinen Brustraum. Stell ihn dir als groß und weit vor und lass den Vollmond in dieser Weite aufgehen. Lass das silberfarbene Licht des Mondes zu deinem Herzen fließen. Trinkt dein Herz dieses silberfarbene Licht, wird alles durchströmt vom sanften Strahlen der Mondenergie. Auf diese Weise kann alles still und klar in dir werden.

Das silberne Mondlicht strahlt jetzt durch die Schultern und Arme in die Hände, sodass sich ihre Energiezentren öffnen können. Es strahlt durch deine Handteller und Finger in die Weite. Ruhig und sanft bewegt sich das Vollmondlicht in deinen Handchakren und alles, was du mit deinen „Mondhänden" berührst, klärt sich und wird erlöst von Spannung und Unruhe.

Lege deine Hände auf einen Körperbereich und erlebe den einströmenden silbernen Fluss, solange es dir guttut.

248 In der eigenen Macht sein 05. September

Wir Engel segnen deine Kraft auf allen Ebenen des Lebens. Mach dir bewusst, dass du in deinem Leben etwas bewirken kannst, denn damit wächst das Bewusstsein, dass du Macht über dein Leben hast. Erlaube es niemandem, dir deine Macht zu nehmen, sondern ruhe in ihr und setze sie zum Frieden aller ein.

Fragen: An wen oder was hast du deine Macht abgegeben? Bist du bereit, sie dir wieder zurückzuholen? Was kannst du tun?

249 Annehmen können   06. September

Das ganze Leben ist ein Fluss des Fortgebens und des Annehmens. Mach dir keine Sorgen, wenn du den Eindruck gewinnst, dass du aus einer Beziehung mehr erhältst als du der anderen Seite gibst. Es ist in Ordnung, dass du manchmal mehr bekommst als du schenkst.

Alles im Leben strebt zum Gleichgewicht. Was du bekommst, hast du schon gegeben oder wirst es zu einem späteren Zeitpunkt ausgleichen. Mach dir bewusst, dass du möglicherweise keine Einseitigkeit in einer Beziehung lebst, wenn du dich im Moment bedürftig fühlst und Unterstützung brauchst. Vielleicht gleichst du eine Einseitigkeit aus früheren Zeiten in diesem Moment aus.

250 Licht und Liebe   07. September

Wir Engel schenken dir goldenes Licht und unendliche Liebe.

Voller Dankbarkeit empfange ich das goldene Licht der Engel und ihre unendliche Liebe.

251 Der Wert der kleinen Schritte   08. September

Schätze die Langsamkeit deiner Entwicklung. Wertschätze deine kleinen Schritte und erlaube uns, deine Ungeduld zu heilen. Du ahnst gar nicht, was jeder kleine Schritt für dein inneres und äußeres Universum und damit für die ganze Welt bedeutet. Deine kleinen Schritte sind auf vielen Ebenen und Dimensionen wirksam.

Sie machen dich einerseits stärker, geerdeter und fröhlicher in deinem Alltag und andererseits noch strahlender in den höheren Dimensionen des Lichts.

Anregung: Beginn heute damit, deine kleinen Entwicklungsschritte wertzuschätzen. Halte inne und sprich dir eine Anerkennung aus.

252 Warmer Rücken   09. September

Erzengel Jophiel: Ich wärme dir mit meinem goldgelben Licht deine Rückseite. Ich schenke dir einen warmen Rücken, sodass du in deinen Schultern loslassen kannst.

Ich streiche sanft über deinen Nacken, dass er freier und entspannter werden kann. Trau dich loszulassen und nimm meine Wärme und Geborgenheit an, die ich dir schenke.

253 Unerforschtes Gelände   10. September

Deine Lebensreise kann dich zu wundervollen Plätzen führen, wenn du bereit bist aufzubrechen und neue Wege zu gehen. Du bist in vielen Bereichen deines Lebens stark und gehst mutig nach vorn.

Begib dich heute in eine neue Richtung. Erschaffe einen Trampelpfad im noch unerforschten Gelände deines Lebens, um dorthin zu gehen, wo du noch nie gewesen bist.

Frage: Zu welchem deiner Lebensthemen möchtest du heute einen neuen Pfad entdecken?

254 Liebevolles Bewusstsein   11. September

Wir Engel umfangen dich mit unserem liebevollen Bewusstsein. Wir laden dich ein, wahrzunehmen, dass auch du ein Teil des universellen, liebevollen Bewusstseins bist. Du bist liebevolles Bewusstsein, und wir sind es auch. Alles strömt im liebevollen Bewusstsein. Das ist die einzige Wahrheit auf dem Weg, den wir lehren.

Du bist liebevolles Bewusstsein in einer menschlichen Form. Du bist in der Erfahrung des liebevollen Bewusstseins eins mit uns.

Doch in der Verbindung mit deinem irdischen Leben hast du auch ein kleines Selbst. Es beinhaltet viele Programmierungen aus alten Erfahrungen, die dich heute möglicherweise einengen, und viele nützliche Programme, die du zur Bewältigung deines Alltags brauchst. Wir wissen um die große Aufgabe deiner Seele, das kleine Selbst in das große, liebevolle Bewusstsein einzubinden.

Deine Entscheidungen, die du zu treffen hast, sind weder gut noch schlecht, denn sie sind ein Teil deines Lebensprogrammes, um Erfahrungen zu sammeln. Das Entscheidende ist, aus welchem Bewusstsein du deine Entscheidungen triffst.

Anregung: Triff heute viele deiner großen und kleinen Entscheidungen aus dem großen, liebevollen Bewusstsein heraus.

255 Nicht kämpfen   12. September

Erzengel Michael: Du brauchst heute nicht zu kämpfen, denn ich bin jetzt bei dir. Nicht du trägst das Schwert, sondern ich trage das Schwert für dich. Du musst dir den Weg nicht freikämpfen. Lass mich stattdessen einfach erhobenen Hauptes vor dir hergehen.

Hältst du engen Kontakt mit mir, so wird der Weg vor dir frei und Rosen beginnen an den Wegesrändern zu blühen.

256 Gehalten sein   13. September

Wir Engel haben dir einen der Unsrigen gesandt, deine Hand zu halten. So kann sich deine Unsicherheit in Zuversicht verwandeln, wenn du die Hand ergreifst und hältst. Auf diese Weise schenken wir dir Stabilität und Vertrauen. Löse deine Anspannung und mache den Schritt aus der Unsicherheit in die Sicherheit, denn du bist gehalten.

257 Strahlendweißes Licht atmen*   **14. September**

Wir Engel senden dir unser strahlendweißes Licht. Atme es tief ein und atme deine Belastungen aus. Atme unser strahlendweißes Licht immer wieder neu ein. Lass alles, was nicht zu dir gehört und dir nicht mehr dient, immer wieder mit deinen langen weichen Ausatemströmen gehen. Spüre dabei, wie dein Brustkorb sinkt.

Lass diese weiße Lichtqualität in dein Herzzentrum fließen, damit es sich von Schmerz und Kummer befreien kann. So lösen sich allmählich Schatten von deinem Herzen, sodass es noch heller leuchten kann.

258 Spirituelle Medizin*   **15. September**

Wir verstehen deine Sorgen, die dich manchmal zu überfordern scheinen. Wir haben dir eine Medizin mitgebracht, die deine Spannungen heilen kann. Die Medizin heißt: „Ich bin." Sprich dieses „Ich bin" aus deinem Inneren heraus.

Lass das „Ich bin" durch deinen ganzen Körper tönen. Erlebe es wie einen angenehmen Glockenschlag, der alles in dir durchtönt mit leuchtendem Bewusstsein. Mit deinem „Ich bin" bist du ein Licht des Bewusstseins. Als Licht bist du ewig.

Ewig soll dein „Ich bin" durch die Galaxis tönen und alle deine Sorgen dürfen sich auflösen.

Anregung: Töne mit jedem deiner Einatemströme innerlich „Ich". Töne mit jedem deiner Ausatemströme innerlich „bin".

259 Kriegerin/Krieger sein   **16. September**

Du bist eine Kriegerin/ein Krieger für das, woran du glaubst. Du bist es in dem Sinn, dass du dir mit guten Argumenten und klarem Auftreten den Weg frei machen kannst. Erlaube dir, die Haltung einer Kriegerin/eines Kriegers einzunehmen.

Das ordnet deine Wirbelsäule neu und lässt dich aufrecht stehen, mit erhobenem Kopf und strahlenden Augen. Fühle dich kraftvoll, selbstbewusst und frei.

Ich bin eine Kriegerin/ein Krieger, doch niemals kriegerisch.

260 Durchstrahlt*   17. September

Wir Engel durchstrahlen dich mit Liebe, Licht und Gnade. Wir durchstrahlen dich und öffnen in dir die höchste Heilkraft, die in jeder deiner Zellen ruht.

Wir binden die Schwingungen deiner Zellen an die höchste Dimension des Seins an, sodass sich in diesem Augenblick Heilung und Transformation in allen deinen Zellen ereignet. Alles wird erneuert vom höchsten kosmischen Licht mit dem du verbunden bist und das zu dir gehört.

261 Lebensgeschenk   18. September

Die Sonne scheint für dich. In der Nacht leuchten Mond und Sterne zu deinen Ehren. Jeden Morgen entsteht deine Welt mit dem Öffnen deiner Augenlider. Alles lebt - um dich herum und in dir.

Deine Lebendigkeit selbst ist das größte Geschenk, das du der Welt machst. Und die Welt beschenkt dich mit ihrer Schönheit und Fülle.

Anregung: Geh heute in die Natur und vergegenwärtige dir diese Botschaft.

262 Helfen wollen   19. September

Der Wunsch, Menschen zu helfen, findet seinen Ursprung in deinen eigenen Verletzungen und in der großen Sehnsucht, selbst wieder heil zu werden. So wünschst du dir, zurückzufinden in das Heile und in die Liebe, die alles durchdringt. Je mehr es dir gelingt, deine eigenen Wunden zu heilen, umso souveräner wirst du für andere da sein können.

Frage: Was ist dein nächster Schritt, um dir selbst zu helfen?

263 Große Engelhände*   20. September

Erlaubst du es mir, lege ich meine großen Engelhände auf dein Herz und auf deinen Bauch. Nimm meine Lichthände an, nimm sie in dir auf. Spüre, wie ich nicht nur die äußere Grenze deines physischen Körpers berühre, sondern das Licht meiner Hände nach innen fließt. Lass das Licht meiner Engelhände wirken. Ich ordne deine Energien und schenke dir die Lichtinformationen, die du für dein inneres Gleichgewicht brauchst.

264 Leid durch Liebe lösen*   21. September

Wir Engel lieben dich auch in deinem Leid. Wir bitten dich, das auch zu tun. Liebe dich mit all der Ungerechtigkeit, die dir in deinem Leben widerfahren ist. Wir Engel senden dir unsere Liebe in dein Herz und bitten dich, dich für deine Liebe zu dir selbst zu öffnen. Lassen wir jetzt gemeinsam einen Strom der Liebe in die Vergangenheit fließen wie auf einem Zeitstrahl.

Mache bei einem Erlebnis Halt, bei dem du Leid erfahren hast. Lass die Liebe in diese Situation strömen, damit sie die dort erlebte Ungerechtigkeit, den Schmerz sowie die Enttäuschung berührt und auflöst. Auch damit verbundene körperliche Verhärtungen können sich mit auflösen. Im Angesicht dieser Liebe kann alles Leid weichen - bis es nur noch Liebe gibt.

Anregung: Wiederhole die Meditation täglich, bis du ganz von Liebe durchströmt bleiben kannst, wenn du an dieses Ereignis denkst.

265 Ruhe genießen   22. September

Wir Engel wünschen dir mehr Ruhe. Dabei ist es wichtig, dass dein Ruhen auf eine angenehme und genussvolle Weise geschieht.

Nicht nur die Tätigen und Aktiven sind dem Himmelreich nahe, sondern in gleichem Maße auch die Ruhenden, die ihre Augen nach innen wenden. Du bist gesegnet im ruhigen Fluss deines Atems.

Erlebe dich in deinem Körper und öffne deine Seele für das Getragensein vom Leben.

266 Ein Lichtband legen   23. September

Wir Engel bitten dich, klarer zwischen deiner Energie und der Energie deiner Mitmenschen zu unterscheiden, um deine Selbstbestimmung zu stärken.

Wir schenken dir ein Lichtband, das du um dich herum am Boden auslegen kannst, wenn du mit anderen Menschen zusammen bist. Es wird dir helfen, klarer zu unterscheiden zwischen deinen Sorgen und den Sorgen der anderen, zwischen deinem Wohlergehen und dem Wohlergehen der anderen und zwischen deinen Wünschen und denen deiner Mitmenschen.

Lernst du es, deine Energie und Ausrichtung von denen deiner Mitmenschen deutlich zu unterscheiden, wirst du deine Beziehungen klar gestalten können.

267 Frieden ausatmen   24. September

Engel des Friedens: Suchst du Frieden, dann schaue nicht umher, sondern finde ihn jetzt in dir. Du bist in der Lage, alle deine Gefühle in Frieden zu verwandeln. Atme tief in dein momentanes Gefühl ein und atme langsam und fein Frieden aus. Werde zu dem Frieden, den du dir ersehnst und den die Welt braucht.

Anregung: Wende diese Vorgehensweise heute einige Male in verschiedenen Situationen an.

268 Dem Bauchgefühl folgen   **25. September**

Wir Engel möchten dir heute empfehlen, deinem Bauchgefühl zu folgen. Sprich das aus, was du zu sagen hast. Mach deinen Mitmenschen deutlich, wie du eine Sache siehst oder was für ein Gefühl in dir ausgelöst wird. Zeigst du nach außen, was dich gerade innerlich bewegt und wie die Dinge dir im Moment erscheinen, bleibst du authentisch.

Das bedeutet nicht, dass deine Beziehungen dadurch harmonischer werden. Vielmehr hat es zur Folge, dass deine innere und äußere Haltung in Übereinstimmung sind. Dadurch wird dir mehr Kraft zuwachsen.

Frage: Was sagt dir dein Bauchgefühl, wenn du daran denkst, was vor dir liegt?

269 Tauchen   **26. September**

Weiche deinem Schmerz nicht aus, sondern lass dich auf ihn ein, um nach dem Grund zu suchen. Du bist nie allein, wenn du in die Tiefen deines Unterbewussten eintauchst, um mutig eine Lösung zu finden. Immer ist ein Engel bei dir, der dir leuchtet. Doch hinabtauchen musst du selbst, denn nur im Schlamm findest du die Muschel, die im Schmerz die Perle bereits geboren hat.

Greife mutig mit deinen Händen in den dunklen Schlamm und schwimme mit der Muschel an die Oberfläche. Welche Freude, welch ein Glanz, der dir in der aufgebrochenen Muschel entgegenkommt.

Frage: Welches Geschenk erhältst du durch das Akzeptieren und Annehmen deines Schmerzes?

270 Das Ende der Überforderung   **27. September**

Liebste Freundin/Liebster Freund, achte darauf, dich nicht zu überfordern. Wir Engel laden dich ein, dein Muster, das Überforderung hervorruft, zu erkennen. Gib das Muster auf, das dazu führt, dass du dich manchmal klein, schwach oder ängstlich fühlst. Wir sind mit vielen Engeln hier, um dich dabei zu unterstützen. Wie heißt dein Überforderungsmuster? Übergib es in unsere lichtvollen Hände.

271 Die Seele liebt den Körper — 28. September

Weißt du eigentlich, dass deine Seele ein wunderbares Licht ist, das in allen Farben strahlt? Für uns bist du ein strahlendes Licht, dass diesen Körper bewohnt und doch viel größer ist als er.

Deine Seele liebt deinen Körper bedingungslos, der für sie ein wunderbarer Gefährte ist. Doch dein Verstand richtet sich auf seine eigenen Ziele aus und vergisst manchmal, für deinen Körper zu sorgen. Verbinde dein Bewusstsein deshalb immer wieder mit deinem schönen Seelenlicht und schenke deinem Körper das, was er braucht.

272 Freude an der Ordnung — 29. September

Engel der Ordnung: Ich segne dich mit deinem Wunsch, einen Bereich deines Lebens in Ordnung zu bringen. Du wirst dich besser entspannen können, wenn du dir in deinem Leben einen geordneten und sicheren Rahmen schaffst.

Im Laufe der Zeit wird es dir guttun, alle Kleinigkeiten und auch die größeren Dinge in deinem Leben in Ordnung zu bringen. Hab Freude daran, auf deine Ordnung zu blicken, denn sie schenkt dir einen angenehmen Raum für deine Kreativität, für deine Entspannung und für all das, wozu du Lust hast.

Frage: In welchem Bereich möchtest du als nächstes Ordnung schaffen?

273 Halleluja — 30. September

Wir möchten dich in die Freude einladen. Lass dazu Leichtigkeit in alle deine Lebensbereiche einziehen. Lass dein Leben einfach werden. Wir segnen dich mit Freude. Stimme mit uns ein: Halleluja. Halleluja. Halleluja.

Schau auf das, was du erreicht hast.
Freue dich über deine Erfolge.
Auch für dich ist die Zeit der Ernte gekommen.

Oktober

274 Die Freiheit zu lachen 01. Oktober

Es gibt jeden Tag so viele Anlässe zu lachen, ganz gleich ob du allein oder mit anderen Menschen zusammen bist. Mach dir keine Gedanken, wenn dein Lachen einmal nicht verstanden wird. Eine Meisterin/Ein Meister des Lebens lacht aus sich selbst heraus. Du bist frei.

Erlöse dich selbst von deinen Einschränkungen und falschen Rücksichtnahmen. Fühle dich in deinem Lachen frei und genieße die Gemeinschaft lachender Menschen.

275 Königliches Sein 02. Oktober

Wenn du mich zu dir rufst, bringe ich dir ein kostbares Geschenk. Bist du bereit, es zu empfangen, dann lass dich von mir krönen. Empfange deine Lichtkrone, die ich dir mittig auf dein Haupt setze.

Sie ist nach oben verbunden mit den Kräften des Himmels, die jetzt in dir einströmen. Spüre gleichzeitig über beide Füße in die Erde. Sei du die Königin/der König deines Lebens.

Anregung: Vergegenwärtige dir im Laufe des Tages einige Male diese Lichtkrone beim gleichzeitigen Spüren in den Boden und erlebe dich in deiner königlichen Aufrichtung.

276 Prinzip der Fülle　　　　　　　　　　　　03. Oktober

Öffne dich dem Prinzip der Fülle in deinem Leben. Wir Engel versichern dir, du hast in deinem Leben immer die Unterstützung, die du brauchst, um einen weiteren Schritt nach vorn zu machen. Manchmal triffst du auf Menschen, die dir konkret helfen werden oder du erhältst von uns eine Eingebung, die dich weiterbringt.

Ein anderes Mal bist du es selbst, die/der die richtigen Werkzeuge bereits in der Hand hält. Öffne deine Wahrnehmung für die äußere und innere Unterstützung, die da ist.

Nimm konkret wahr, was schon alles vorhanden ist oder sich in greifbarer Nähe befindet, um deiner Erfüllung näher zu kommen. Wir segnen deinen inneren und äußeren Reichtum.

277 Begegnungen　　　　　　　　　　　　　04. Oktober

Sei offen für neue Begegnungen, nach denen du dich in deinem Herzen schon lange sehnst. Strecke deine Arme den Menschen entgegen, mit denen du deine Zeit gerne verbringen möchtest.

Werde aktiv, um neue Menschen in deinem Leben zu begrüßen und geh in Kontakt mit deinen vertrauten Freundinnen und Freunden, die darauf warten, dich wiederzusehen. Dein Herz möchte dich in einen lebendigen Austausch mit anderen führen.

Frage: Auf welche Kontakte freust du dich?

278 Freiheitsräume　　　　　　　　　　　　05. Oktober

Es geht in deinem Leben nicht darum, sich Freiheiten zu nehmen oder gar zu erkämpfen. Du bist frei und kannst aus deiner Freiheit heraus das tun, was dir gefällt und was du verantworten kannst.

Durch diese Freiheit wirst du in allen deinen Beziehungen eine authentische Ebene der Kommunikation erreichen. Sage Ja, wenn du Ja meinst und sage Nein, wenn du Nein meinst.

279 Hingabe an die Ruhe   06. Oktober

Wir Engel wünschen uns von dir, dass du dich der Ruhe hingibst. Hingabe an das große Feld der Ruhe geschieht, wenn du dich entspannst und einfach nur du selbst bist. Dieses Feld öffnen wir dir jetzt, damit in dir und um dich herum ein wohliger, stiller Raum entstehen kann.

Es gibt nichts anderes zu tun, als diese wohlige Ruhe zu spüren und dir selbst gut zuzusprechen: Es ist alles in Ordnung.

280 Liebe ist möglich   07. Oktober

Wir Engel sehen, dass dich in der Vergangenheit die menschliche Liebe manchmal enttäuscht hat. Doch entferne dich deshalb nicht von ihr, sondern bleibe offen für die Liebe, die dir begegnen möchte. Öffne dich für einen neuen Glauben. Glaube, dass du es wert bist, geliebt zu werden.

Fühle dich geliebt von uns Engeln. Du brauchst nur etwas Mut, dich dafür zu öffnen und dich von unserer Liebe berühren zu lassen. Das wird dich stärken, dein Herz für die menschliche Liebe neu zu öffnen. Liebe ist möglich. Mache den ersten Schritt.

281 Im Lichtraum*   08. Oktober

Wir Engel haben dich jetzt in einen Lichtraum gesetzt, in dem wundervolle Farben in zarten Strahlen von oben nach unten dein Energiefeld durchfließen. Auf diese Weise können sich Blockierungen und Anspannungen in dir auf lösen.

Genieße die vielen Farbstrahlen, die deinen Körper durchströmen und ihn entspannen. So werden die Farben deiner Aura gestärkt und du beginnst nach einer Weile, von innen her zu leuchten.

Genieße es noch eine Weile in diesem Lichtraum zu sein.

282 Abgrenzung   09. Oktober

Schule dich in deiner Fähigkeit dich abzugrenzen. Dein Nein gibt dir Erdung. Dein Nein ist eine unmittelbare Kraft, die sich im Jetzt in dir ereignet. Folge dieser Kraft, denn sie wird dich oft in deinem Leben beschützen. Ein Nein steckt deinen Rahmen ab, in dem du dich frei fühlen kannst.

Frage: Von wem oder was möchtest du dich abgrenzen?

283 Orte des Herzens   10. Oktober

Lass dich heute nicht von deinem Willen leiten. Lass dich vielmehr von deinen Füßen zu Orten tragen, zu denen dein Herz dich zieht. Kommst du dort an, wird sich dein Kopf aufrichten und deine Augen können vor Freude strahlen.

Frage: Wo zieht es dein Herz hin?

284 Der Schlüssel   11. Oktober

Engel des Lichts: Ich sehe dich, wie du in der Dunkelheit auf den Knien nach dem Schlüssel suchst, um die Tür ins Helle zu öffnen. Ich kann die Tür nicht für dich öffnen, deshalb komme ich als kleiner Sonnenstrahl zu dir, um dir zu zeigen, wo der Schlüssel sich befindet.

Nimm den Schlüssel, schließe die Tür auf und stell dich ins Licht.

Die Dunkelheit liegt hinter mir. Ich stehe im strahlenden Licht.

285 Freiheit der Entscheidung   12. Oktober

Je nach dem ob du gelernt hast, Ereignisse in deinem Leben eher positiv oder negativ zu bewerten, erlebst du Glück oder Unglück.. Wirst du dir deiner Freiheit bewusst, selbst zu entscheiden, wie du ein Ereignis bewertest, versetzt dich das in die Lage, neue Wege zu beschreiten.

Frage: Von welchen Bewertungsmustern möchtest du dich lösen?

286 Selbstbestimmung   13. Oktober

Schüttel deine alten Belastungen ab, die du aus deiner Familiengeschichte übernommen hast, denn du kannst heute autonom und kraftvoll dein Leben gestalten. Du bist die Meisterin/der Meister deines Lebens. Du bestimmst selbst, wohin das Schiff deines Lebens sich wendet.

Frage: Welche Richtung schlägst du heute ein?

287 Grün-goldener Segen   14. Oktober

Erzengel Raphael: Ich stehe hinter dir und umarme dich für das, was du geleistet hast. Du hast viel getan, um deine Seele von alter Last zu befreien. Sei gedankt dafür.

Ich schenke dir meinen grüngoldenen Segen. In meiner Umhüllung findest du mit deinem inneren Kind Frieden, Sicherheit und Geborgenheit.

288 Sei kein Engel   15. Oktober

Bitte erwarte nicht von dir, dass du ein Engel bist. Wir Engel sind für dich da und unterstützen dich, dein Potenzial zu entfalten und dadurch auf deinem Lebensweg positiv voranzuschreiten.

Wir bitten dich, überreiche uns deine hohen Ansprüche an dich selbst mit dem daraus resultierenden Druck. Gib deine Belastung in unsere Hände und fühle dich frei. Es geht darum, einfach nur du selbst zu sein und die Engel ihre Arbeit machen zu lassen.

289 Das Feuer hüten   16. Oktober

In deinem unteren Bauch wohnt dein Lebensfeuer. Visualisiere es als eine gleichmäßig brennende Flamme. Hüte dein Feuer, indem du darauf achtest, dass es keinen lodernden Brand gibt, der möglicherweise dich und andere versengt. Und sei achtsam, dass die Flamme nicht verlöscht, indem du dafür sorgst, dass du neue Energie bekommst.

Dein Feuer zu hüten wird dir mehr Sicherheit im Leben bringen. Halte es gleichmäßig und kraftvoll brennend. Erlebe die innere Wärme, die es dir schenkt. Aus dem Spüren deines Feuers begegne heute der Welt.

Frage: In welcher Lebenssituation ist es für dich von besonderer Bedeutung, auf dein inneres Feuer zu achten?

290 Komm ins Jetzt   17. Oktober

Engel des Augenblicks: Komm mit uns ins Jetzt. Das, was du dort gewinnen kannst, ist der Augenblick und das Erleben der Liebe, die wir dir entgegenbringen und durch das feine Gewebe deiner Aura strömen lassen, sodass sie noch heller und strahlender leuchtet.

Du bist uns zu jeder Zeit einen Heilsegen wert, denn wir sind immer für dich da, in Liebe mit dir verbunden. Komm mit uns ins Jetzt.

291 Erfolgssegen   18. Oktober

Engel des Erfolgs: Lass mich heute alles segnen, was du tust. So können wir Engel zu deinem Erfolg beitragen.

Du brauchst uns nur zu bitten. Ein Segen ist immer möglich.

Frage: Für welche Handlung möchtest du um einen Segen bitten?

292 Kreativer Quell · 19. Oktober

Engel der Ideen: Ich öffne dir den weiblichen Raum der Kreativität, der wie ein stetiger, sanfter Fluss strömt. Der weibliche Aspekt der Kreativität ist wie eine Quelle, die das reine Wasser stetig in die Welt strömen lässt ohne jede Bemühung. Verbinde dich auf deine Weise mit dem kreativen Quell in dir und lass deine Schöpfung erblühen.

Anregung: Nimm dir Zeit, still zu werden, damit neue Ideen in dir entstehen können. Notiere deine Ideen in einem Buch.

293 Golddurchtränkt* · 20. Oktober

Engel des goldenen Strahls: Öffnest du dich für unseren goldenen Strom, den wir dir senden, aktiviert sich dein gesamtes spirituelles Erbe, denn du bist eine Golddurchtränkte/ein Golddurchtränker und dienst der Heilung der Welt.

Lass den Goldstrom durch deinen Körper strömen. Gewähre dir dadurch die Möglichkeit, deinen Körper mit in die höheren Schwingungen hineinzunehmen, um ihn auf diese Weise mit Liebe zu durchtränken und mit goldenem Licht zu durchsegnen. Auf diese Weise werden alle Zellen von goldenem Licht durchströmt, sodass sich jegliche Schatten lösen, bis nichts mehr bleibt als Licht.

Nimm deinen Körper mit auf deinen leuchtenden spirituellen Pfad, nimm ihn mit wie einen guten Freund, der etwas langsamer ist als du, weil er es schwerer hat, sich anzupassen. Öffne dein Herz für deinen Körper, sodass deine heilenden Herzenergien, die du so freigiebig der Welt und anderen Menschen schenkst, sich jetzt für deinen Freund, den Körper, öffnen, der so darauf angewiesen ist, von dir geliebt zu werden.

294 Die Selbstliebe vertiefen   **21. Oktober**

Jeden Tag kannst du dein Herz ein ganz kleines bisschen weiter öffnen für die Liebe zu dir selbst. Sei bereit.

Ich liebe mich. Ich liebe mich.
Ich liebe mich, ganz gleich was auch geschieht.

295 Die Kraft der Natur   **22. Oktober**

Begib dich heute in die Natur. Ihre Kräfte werden dir helfen, dich neu zu ordnen. Jetzt ist die Zeit des nach Innengehens, der Stille und des langsamen, achtsamen sich Öffnens für die Naturkräfte.

Sie warten auf Einlass, um dich zu reinigen und dich auf eine Weise mit Lebensenergie aufzufüllen, wie es der Sanftheit deiner Seele entspricht.

Anregung: Mach heute einen Spaziergang oder eine kleine Wanderung und nimm die Kraft der Natur über deinen Atem in dir auf.

296 Sexuelle Lust   **23. Oktober**

Engel der Sexualität: Ich segne dich in deiner sexuellen Kraft. Ich segne deinen ganzen Körper, mit dem du deine sexuelle Lust ausdrücken kannst und darfst. Ich segne deine Haut mit allen ihren Sinneszellen, über die du sexuelle Lust annehmen und auch geben kannst.

Genieße deine Sexualität mit allen deinen Sinnen.

297 Der beste Schutz   **24. Oktober**

Der beste Schutz ist in der Mitte deines Seins.

298 Aus Sicht der Engel 25. Oktober

Wir Engel sehen dich in deinem strahlenden Licht. Wir erfreuen uns an deiner Liebe zur Welt. Wir erleben dich in deiner Liebe zu allem, was schön und gut ist und was dein Herz erhebt. So stehst du jetzt strahlend vor uns.

Anregung: Es wird dir guttun, dir diese liebevolle Sicht der Engel auf dich, noch einige Male im Laufe des Tages zu vergegenwärtigen.

299 Liebendes Licht* 26. Oktober

Wir laden dich zu einem weiteren Heilungsschritt ein. Löse dich dazu von deinem Alltagsbewusstsein und tauche mit deiner Aufmerksamkeit in die Dimension des Lichts.

Auf einer höheren Ebene gibt es keine Zukunft und keine Vergangenheit. Es gibt nichts Gutes und nichts Böses. Es gibt kein Unten und kein Oben. Es gibt nur dieses liebende Licht, das alles durchtränkt. Es gibt nur dieses liebende Licht, das du bist, das liebende Licht, das wir sind, das liebende Licht, das alles ist.

Wir haben dich für diese lichtvolle Dimension geöffnet, damit du erkennst, was du bist. Kehre nach einer Weile zurück zu deinem Alltagsbewusstsein.

300 Glück voran 27. Oktober

Wir Engel sind glücklich, wenn du glücklich bist, wenn du deine Stärke in dir spürst, die du für dich selbst und zum Wohle anderer einsetzt. Halte dich nicht mehr zurück, glücklich zu sein.

Anregung: Tauche ein in den Augenblick, denn hier wohnt das Glück.

301 Vertrauensbildung   **28. Oktober**

Wir Engel bitten dich nicht darum, dass du anderen Menschen sofort vertraust. Wir bitten dich stattdessen, dass du ein Tröpfchen vom goldenen Licht deines Herzens in dein Solarplexuschakra hineinlässt, damit es dort etwas entspannter wird.

Vertrauen in deine Mitmenschen braucht Zeit und Übung sowie eine realistische Sicht darauf, was ein anderer Mensch leisten kann. Vertrauen in Verbindung mit Realismus wird dich stärken.

302 Sich von Sorgen lösen   **29. Oktober**

Sanft segnen wir dich mit unserem Licht. Dabei umhüllen wir deine Sorgen mit strahlenden Farben. Auf diese Weise berühren dich unterschiedliche Lichtfrequenzen, die dir helfen, deine Sorgen aufzulösen, sodass Entspannung, Vertrauen und Mut in dir zunehmen. Du brauchst dafür nichts zu tun, denn deine Seele ist bereit, Sorgen loszulassen.

Lehne dich zurück, genieße es, wenn wir mit unserem farbigen Leuchten bei dir sind, dein Energiefeld hier und da sanft bewegen und dein Wurzelchakra harmonisieren und stärken.

303 Umgang mit Konflikten   **30. Oktober**

Wenn du dich in einem Konflikt mit dir selbst oder einem anderen Menschen befindest, kann es passieren, dass du nicht mehr weiter weißt. In dieser Situation können wir Engel dir helfen. Übergib uns den Konflikt und reiche uns alle deine belastenden Gefühle, denn wir können diese Lasten besser tragen als jeder Mensch.

Rufe uns Engel in einer Konfliktsituation an, damit wir den Raum mit unserem Licht reinigen. Bitte uns darum, dass in einem Konflikt das Richtige geschehen möge, zum höchsten Wohle aller.

304 Das innere Kind stärken   **31. Oktober**

Heute möchten wir Engel dich bitten, dich mit deinem inneren Kind zu verbinden. Ganz gleich, ob du es als fröhlich, ängstlich, traurig oder auf eine andere Weise wahrnimmst, sprich mit uns gemeinsam liebevolle Worte, um die Verbindung zu ihm zu stärken. Fühlt dein inneres Kind sich sicher, angenommen und geborgen, wird es dir viel Freude in dein Leben bringen.

Du bist ein wunderbares, starkes Mädchen/wunderbarer, starker Junge. Auch wenn du verletzt worden bist, sehe ich, welche Kraft in dir steckt. Ich mag es, wenn du mir zeigst, was du möchtest. Du bist für mich unendlich wertvoll und ich liebe dich. Lass uns gemeinsam Spaß haben.

Wir hüllen dich ein mit unserem Licht.
Wir hüllen dich ein mit unserer Liebe.
Wir hüllen dich ein mit unserem Frieden.

November

305 Kleine Kurskorrekturen   **01. November**

Manchmal gelingt es dir ganz leicht, im Raum des Augenblicks zu verweilen, wenn dein Herz ganz ruhig schlägt, und du mit nichts anderem beschäftigt bist als mit deinem Wohlgefühl. Nimm in deinem Alltag immer wieder kleine Kurskorrekturen vor, bei denen es um nichts anderes geht als um deine innere Balance und um dein inneres Erfülltsein.

Bist du dort angekommen, wird sich Frieden als eine große, leichte und beschwingte Qualität in dir ausbreiten und alle deine Lebensräume erfüllen.

Frage: Welche kleine Kurskorrektur möchtest du jetzt einleiten?

306 Zweifache Verwurzelung   **02. November**

Wir Engel schenken dir diese Übung, damit du dich in deiner zweifachen Verwurzelung erfahren kannst, als ein Kind der Erde und des Himmels. Werde für einige Momente still, indem du dich im Leuchten deines Herzchakras einfindest.

Lass von hier einen goldenen Strahl zu deinem unteren Bauch strömen. Lass diesen Strahl von hier aus zum Boden fließen. Sobald er den Boden erreicht, können sich Lichtwurzeln in die Erde entfalten.

Lass vom Herzen einen weiteren goldenen Strahl zum Himmel aufsteigen. Berührt er das Blau des Himmels, fächert er sich auf wie ein feines Wurzelgeäst und verbindet dich mit dem höchsten Licht.

Erlebe dich in dieser zweifachen Verwurzelung - in deinem Menschsein.

307 Licht der Herzheilung 03. November

Bist du jetzt bereit, dein Herz zu entlasten, öffnen wir dein hinteres Herzchakra mit unseren zarten Engelhänden und ziehen Bänder mit belastenden Gefühlen heraus. So nehmen wir die Dunkelheit, die aus früherer Einsamkeit entstanden ist, aus deinem Herzen. Anschließend lassen wir über unsere Fingerspitzen kleine, bunte Lichter entstehen, die deinen Herzraum von innen erfüllen.

Vor deinem Herzchakra lassen wir eine Lichtspirale entstehen, die sich sanft von außen nach innen auf deinen Herzraum zu bewegt. Gleichzeitig lassen wir eine weitere Lichtspirale hinter deinem oberen Rücken entstehen, die sich langsam von außen nach innen auf deinen Herzraum zu bewegt.

Nach einer Weile berühren sich beide Spiralen in der Mitte deines Herzzentrums und vereinen sich. So entsteht ein strahlendes Feld aus Licht und Liebe. Tauche mit deiner ganzen Wahrnehmung in das Licht der Herzheilung.

308 Sich geliebt fühlen 04. November

Glaube nicht das, was manche Menschen aus ihren Launen heraus sagen, sondern schaue direkt in ihre Herzen. Sieh das goldene Band der Liebe zwischen euch. Es macht dich manchmal traurig, dass die Liebe sich im Alltag nicht so ausdrückt, wie du es dir wünschst.

Doch schaust du aus dem Licht deines Herzens heraus, wird es dir leichter fallen, die Liebe deiner Mitmenschen, die sie oft auf eine unvollkommene Weise zeigen, wahrzunehmen und anzunehmen. Fühle dich geliebt.

309 Erkenne, wer du bist   **05. November**

Um jetzt mit uns Engeln da zu sein, bist du viele Wege gegangen. Jetzt ist die Zeit gekommen, alle Anstrengungen hinter dir zu lassen und zu erkennen, wer du bist.

Ich bin .... (Setze deinen Namen ein.).

Erlaube dir, dies zu spüren und bestätige noch einige Male diese Aussage. Öffne dich dabei mehr und mehr für dein inneres Wesen. Nur du hast die Macht und die Möglichkeit .... (Setze deinen Namen ein.) zu sein, darum bist du uns so unendlich wertvoll.

310 Öffne dich   **06. November**

Öffne dich für die Feinheit deines Atems. Öffne dich für den Frieden in diesem Moment, in dem sich deine Sorgen auflösen können. Öffne dich für die Schönheit des Augenblicks. Öffne dich.

311 Die schönste Vision   **07. November**

Entwirf die schönste Vision, die du dir in deinem Leben vorstellen kannst. Mal dir ein Zukunftsbild in hellen und leuchtenden Farben, auf dem du dich glücklich siehst, zufrieden und erfüllt. Wir Engel entfernen Blockaden aus deinem Stirnchakra, damit es dir möglich wird, diese Vision von einem wunderbaren, strahlenden und glücklichen Leben bis in dein höchstes Alter entstehen zu lassen.

Erlebe deine Vision mit allen deinen Sinnen. Lass sie immer wieder leuchten und dann schau dich in deinem Alltag um und ordne deine Energien in Richtung dieser Vision. Ergreife Chancen, die dich deiner Vision näherbringen. Diese Vision ist dein Leitbild, das dir wie ein Stern am Himmel deinen Weg erleuchtet.

312 Persönliche Autonomie   **08. November**

Lieber Mensch, wenn du dich in einer Gesprächssituation nicht wohlfühlst, können wir dir helfen. Wir ziehen einen weißen Kreis am Boden um dich herum, falls du dies möchtest. Er soll dir helfen, deine Stärke im Kontakt mit deinem Gegenüber zu halten. Die Kreisfläche symbolisiert deinen freien, autonomen Raum, der unantastbar für andere ist.

Du kannst diesen Raum ausweiten, sodass du noch mehr Weite um dich herum spüren kannst oder du machst ihn kleiner, um dich geschützter zu fühlen.

Ich kehre zurück in meine persönliche Autonomie. Aus meiner persönlichen Autonomie und Stärke begegne ich meinem Gegenüber. Ich bleibe in meinem Raum und lasse meinen Gesprächspartner in seinem Raum.

Ich kommuniziere aus meinem Raum in Richtung seines Raums. Seine Worte und Aussagen lasse ich nicht in meinen Raum, sondern sie bleiben vor meinem Raum stehen, sodass ich sie betrachten kann. Es bleibt ein freier Raum zwischen uns.

313 Das goldene Kind   **09. November**

Auch du bist ein goldenes Kind gewesen, rein und voller Liebe. Dieses goldene Kind gibt es immer noch in dir. Dieses Kind in dir ist lebendig, stark und voller Selbstvertrauen. Es hat ein liebendes Herz. Es liebt dich in deinem Erwachsensein und es liebt die ganze Welt. Auch wenn du viele Verletzungen erlebt hast, gibt es in deiner Tiefe dieses heile innere Kind in dir.

Wir Engel verbinden dich jetzt mit deinem goldenen Kind, sodass du es mit deinen Händen berühren kannst. Erlebe diesen Kontakt und werde dir bewusst, dass du auch dieses liebende Wesen bist, es ist ein Teil von dir. Wir bitten dich, öffne dein erwachsenes Herz für deine Dankbarkeit, dass es dieses Kind in dir gibt. Schütze es auf eine angemessene Weise.

314 Die Engel der Eltern 10. November

Die Engel deiner Eltern sprechen mit einer Stimme: Wir haben dich immer geliebt. Wir wollten stets für dich sorgen, denn du warst unser Kind. Die Persönlichkeit deiner Mutter und deines Vaters haben es manchmal nicht möglich gemacht, dass sie die Liebe zeigen konnten, so wie du es gebraucht hättest.

Wir Engel deiner Eltern möchten dir sagen, wie traurig wir mit dir waren, wenn die Verletzungen deiner Eltern es nicht zugelassen haben, uneingeschränkte Liebe fließen zu lassen. Bitte nimm unsere Entschuldigung an. Wir haben deine Not gesehen und wir haben unser Bestmögliches getan.

Und wir haben dich stets geliebt und lieben dich. Auch wenn wir die Engel deiner Eltern sind, sind wir mit dir verbunden. Nimm bitte unsere Entschuldigung für das erlittene Unrecht an, wenn deine Eltern es bisher nicht persönlich leisten konnten.

315 Raum der Klarheit 11. November

Die Zeit, in der du den Kopf gesenkt hast, ist vorbei. Trage deinen Kopf aufrecht und leicht, hebe deine Brust und öffne damit dein Herz. Nimm dein Strahlen nicht mehr zurück, deine gute Laune, deine Kreativität und deinen Stolz auf alles, was du kannst und bist.

Das ist der neue Raum der Klarheit, der um dich herum entsteht. Schreite wohlgemut, aufrecht und locker auf das zu, was du dir erhoffst. Schreite nach vorn, liebe Freundin/lieber Freund, denn die Zeit falscher Bescheidenheit ist vorbei. Es gibt niemanden mehr, den du fürchten müsstest.

Nimm dein Leuchten nicht zurück, nur weil du andere damit blenden könntest. Hab Freude an deinem eigenen Leuchten, an dem Strahlen deiner Seele.

316 Wunder des Wandels   **12. November**

Jeden Tag wandelt sich dein Leben. Halte nicht mehr an dem fest, was längst vorüber ist. Öffne dich für das Wunder des Wandels. Erhasche das Jetzt.

317 Drei Diamanten   **13. November**

Wir Engel helfen dir, deine belastenden Glaubensmuster zu heilen und dich für deine positiven Gefühle noch weiter zu öffnen. Werde dazu für einen Moment still, um dich mit uns zu verbinden.

Wir berühren dein Sakralchakra mit unserer feinen Energie und entfernen die Programme der Selbstabwertung, die du bereit bist aufzugeben. Wir ziehen sie wie dunkle Schatten aus deinem Bauch. Anschließend legen wir dir drei strahlende Diamanten in dein Sakralchakra.

Der erste Diamant steht für das neue Programm:

Ich fühle mich wertvoll, ganz gleich was ich tue. Ich bin es mir wert, das Beste und das Schönste aus meiner Situation zu machen.

Der zweite Diamant steht für die Botschaft:

Ich habe ein reiches Leben. Aus meinem inneren Reichtum schöpfe ich Situationen, in denen ich mich wohlfühle. Ich schöpfe aus dem Reichtum meiner mir gegebenen Alternativen die Beste heraus für das hohe Gut meiner Gesundheit, zur Erfüllung meines tiefen Wunsches nach innerem Frieden und für eine echte Harmonie in meinen Beziehungen.

Nun folgt der dritte Diamant:

Ich bin immer mit der Erde verbunden, die mir Kraft und die Fähigkeit der Aufrichtung verleiht. Ich bin immer verbunden mit den hohen geistigen Reichen der Engel und Erzengel, die mich lieben und segnen.

Anregung: Genieße immer wieder deine drei Diamanten.

318 Balance der Elemente*   14. November

Engel der Elemente: Wir vertreten die vier Elemente: Feuer, Wasser, Luft und Erde. Wir hüten diese vier Elemente und bringen sie augenblicklich zu dir, um dich mit ihnen zu beschenken.

Erlebe dich im heiligen Feuer, das dich reinigt.
Erlebe dich im heiligen Wasser, das dich entspannt.
Erlebe dich in der heiligen Luft, die dir Freiraum schenkt.
Erlebe dich mit beiden Füßen auf heiligem Boden und lass dich stärken.

Erlebe dich in der perfekten Harmonie der Elemente.

Anregung: Lass zu jeder Aussage nicht nur ein Gefühl, sondern auch ein Bild entstehen. Bleibe mit jedem Element solange in Verbindung wie es dir guttut.

319 Der Raum des menschlichen Maßes   15. November

Es ist nicht notwendig sich so anzustrengen, wie du es tust. Wir Engel sind gütig. Warum bist du es nicht auch mit dir? Dein Freundeskreis meint es gut mit dir, schließ dich ihnen an. Deine Arbeitskolleginnen und -kollegen sind verständnisvoll. Öffne auch du dein Herz für dich selbst.

In diesem Moment öffnen wir dir diese lichtvolle Perspektive und bitten dich, in den Raum des menschlichen Maßes einzutreten. Das ist der Raum, in dem du deine Aufgaben beruflicher und privater Art aus der Mitte deiner Kraft in Freude erfüllst.

320 Gewinnen   16. November

Nicht durch die Feuerkraft deines Willens wirst du gewinnen, sondern durch die Sanftheit deiner Seele.

321 Segen der Schöpfung   17. November

Schöpfungsengel: Wir halten die Erdkugel in unseren Händen. Wir segnen sie und alle Menschen sowie alle anderen Wesen auf der Erde. Du bist mit uns verbunden, bist mit uns vereint zum höchsten Segen der Schöpfung.

322 Im Mittelpunkt des Lebens   18. November

Heute ist es wichtig, dass du dich in den Mittelpunkt deines Lebens stellst. Es werden sich heute immer wieder kleine oder größere Situationen ereignen, die du für dich nutzen kannst. Triff Entscheidungen, die dich stärken, die dich heil werden lassen und die deine körperliche Gesundheit unterstützen.

Sorgst du gut für dich, schöpfst du neue Kraft, wovon deine Mitmenschen und deine Projekte profitieren werden. Sorge gerade heute gut für dich.

323 Unterscheidungsfähigkeit   19. November

Bring Liebe und Licht in die Welt, ohne von deinen Mitmenschen Schritte zu erwarten oder zu verlangen, welche sie von ihrer seelischen Reife oder Kraft her noch nicht gehen können.

Frage: Von welchen Erwartungen solltest du dich lösen?

324 Herzflügel*   20. November

Engel des Atems: Ich segne dein freies physisches Herz, das zwischen den Lungen wohnt und sich wohlfühlt. Schwingt dein Atem warm und tief, fühlt sich dein Herz in dieser heiligen Bewegung geborgen.

Mit meiner Hilfe können deinem Herzen Lichtflügel wachsen, die sich nach hinten in den Raum hinein öffnen. Spüre in deine Flügel, die sich langsam in ihrer ganzen Größe entfalten können, wenn du mit mir gemeinsam atmest.

Verbinde dich dabei mit Mutter Erde und breite deine Flügel noch weiter aus, durch die Kraft deiner Liebe zu dir selbst.

## 325 Tatsachen	21. November

Deine Existenz ist ein einmaliger Klang. Deine Seele ist ein strahlendes Licht. Dein Wesen ist Liebe.

## 326 Grün-goldenes Licht	22. November

Erzengel Raphael: Für jedes deiner Alltagsprobleme hast du meinen Segen. Öffne dich für mein goldenes Grün, das ich dir jetzt sende. Es durchströmt vor allem dein Herzchakra.

Grün-goldenes Licht weitet sich von hier aus in deinem ganzen Körper aus und fließt in breiten Bahnen um dich herum. So entsteht ein Raum der Heilung, ein Segensfeld, aus dem du ohne Angst leben kannst. Du sweißt von deinem Herzen her, dass du in Ordnung bist.

Du gibst der Stimme in deinem Herzen Raum und spürst auf der Alltagsebene: *Ich bin geheilt.*

## 327 Violett der Stille	23. November

Lausche in dich hinein und begib dich in deinen Raum der Stille. Die Stille ist der Ort, wo deine Belastungen und Befürchtungen wie vertrocknetes Laub von dir abfallen und deine Seele wieder frei zu atmen beginnt. Ich fülle dir diesen Raum mit einem wunderbaren Violett und goldenen Tönen. Lass dieses Violett in dir wirken, das Violett der Stille und der Harmonie.

So kann es nach einer Weile friedlich in deinem Kopf werden und alle Konzepte harter Disziplin dürfen gehen. Sie werden ersetzt, durch eine liebevolle Toleranz dir selbst gegenüber und der Welt, in der du lebst.

328 Lichtvolle Größe   **24. November**

Wir Engel möchten dir deine lichtvolle Größe bewusst machen. Deshalb erinnern wir dich daran, dass du ein strahlendes Bewusstsein bist. Erlebe dich jetzt mit uns gemeinsam als groß, lichtvoll und stark.

Du hast dir, den Menschen in deiner Umgebung und der ganzen Welt Wertvolles zu geben. Genieße deine Größe und Kraft. Falls es in deinem Alltag Situationen gibt, die dich belasten, erinnere dich immer wieder an dein lichtvolles Sein.

329 Rückkehr ins Vertrauen   **25. November**

Engel der Stärkung: Kehre wieder zu dir selbst zurück, in deine Kraft, in dein Selbstvertrauen und in deinen Mut. Kehre wieder in dich selbst zurück, in deine Friedfertigkeit und in deine innere Harmonie.

Erlebe gemeinsam mit mir diesen Augenblick. Übe dich in dem Vertrauen, dass dir nur die Herausforderungen begegnen werden, die du auch bewältigen kannst.

330 Heilung ist möglich   **26. November**

Engel der Heilung: Du bist in der Lage, dich selbst zu heilen. Nutze heute einige Gelegenheiten in deinem Alltag, um dich für die Stärkung deiner Selbstheilungskraft zu entscheiden. Gerade die kleinen Entscheidungen in Bezug auf Essen, Bewegung, Kommunikation, Entspannung und Schlaf haben auf Dauer große Erfolge. Ich unterstütze dich auf deinem Weg des Heilwerdens. Heilung ist möglich, nutze deine Gelegenheiten.

331 Sonnenseite   **27. November**

Wandle auf der Sonnenseite durch dein Leben. Sieh dich selbst auf eine positive Weise.

Sei dir bewusst, was du an dir magst und schaue auf das Gute, das du dir wünschst. Genieße die Fülle des Lebens.

Ich entscheide mich für die Sonnenseite des Lebens.
Ich stehe für mein Glück ein.

332 Warmherzige Richtung   **28. November**

Engel der Liebe: Ich danke dir dafür, dass ich bei dir sein darf, um dich daran zu erinnern, dass du ein liebevolles Herz hast. Bleibst du mit mir verbunden, wird es dir leicht fallen, deine Liebe fließen zu lassen. Dadurch wirst du dich mit deinen Mitmenschen in eine gute, warmherzige Richtung bewegen.

333 Die Schönheit der Welt   **29. November**

Genieße die Schönheit in deinem Leben. Lass dir von den Herausforderungen deines Alltags nicht die Freude an all dem Schönen nehmen, das dich umgibt. Je mehr du dich von der Schönheit der Welt berühren lässt, umso mehr Freude wirst du in deinem Leben spüren.

334 Den Krafteinsatz verringern   **30. November**

Engel der Achtsamkeit: Meine Freundin/Mein Freund, streng dich nicht so an. Du verbrauchst zu viel Kraft in deinem Alltag. Deshalb bin ich heute bei dir, um dich bei deinen Tätigkeiten ab und zu leicht zu berühren. Vielleicht fällt es dir dann leichter, dich zu entspannen, um mit weniger Kraft das zu erreichen, was du gerade möchtest.

Ich bin stets für dich da mit meiner liebevollen Zuwendung.

Anregung: Wähle ein Symbol für diesen Engel, z.B. ein Bild, einen Stein oder eine Figur, um dich in deinem Alltag an die Botschaft zu erinnern.

Spüre das Licht in deinem Herzen
und sei du der Frieden,
den die Welt braucht.

Dezember

335 Frei im Selbstausdruck   **01. Dezember**

In deiner Vergangenheit war es manchmal notwendig, deine spontane Lebendigkeit zu unterdrücken. Doch heute lebst du in Sicherheit.

Sei bereit, alte Verletzungen heilen zu lassen, damit du in deinem Selbstausdruck frei wirst. Zeig dich heute mit deinen Ideen und den unterschiedlichen Aspekten deiner Persönlichkeit. Das wird dich glücklich machen.

Anregung: Bitte die Engel um Schutz, wenn du dich noch unsicher fühlst, dich in deiner Lebendigkeit zu zeigen.

336 Der Reichtum der Gefühle   **02. Dezember**

Alle Gefühle sind Ausdruck deines emotionalen Reichtums. Sie sind in stetiger Wandlung begriffen und möchten wahrgenommen und angenommen werden, um weiterfließen zu können. Es wird dir guttun, wenn du die Kontrolle aufgibst, über deine Gefühle bestimmen zu wollen.

Aus der Liebe zu dir selbst wende dich deinen Gefühlen zu und erlaube ihnen, da zu sein. Deine Gefühle sind dein innerer Schatz, denn sie sind Ausdruck deiner Lebendigkeit.

337 Die Lichtebene 03. Dezember

Du kannst jederzeit in Frieden mit dir sein und bleiben. Verlass dein inneres Licht nicht, wenn andere Menschen dich kritisieren oder ungerecht behandeln. Triffst du mit einem schwierigen Menschen zusammen, kannst du dich dazu entscheiden, auf die Lichtebene zu gehen.

Das bedeutet, du bist und bleibst in deinem leuchtenden Herzen verankert, ganz gleich was von außen auf dich zukommt. Hier bist du in Sicherheit und niemand kann dir etwas nehmen, was du nicht geben möchtest.

338 Schönes Nichtstun 04. Dezember

Es gibt in diesem Moment nichts zu tun. In diesem Augenblick brauchst du dich um nichts zu kümmern, sondern du kannst es uns Engeln überlassen, für dich Sorge zu tragen. Lass dich nieder mit all deiner Schwere. Lass dich nieder mit all deiner Belastung, sodass sie sich in unserem liebevollen Feld, das wir um dich herum geschaffen haben, langsam auflösen kann.

Wir Engel berühren dich mit strahlenden Farben und liebevoller Energie, in der du loslassen darfst und dich geborgen fühlen kannst. Nichtstun kann so schön sein.

339 Teil der Natur 05. Dezember

Naturengel: Du bist ein Teil der Natur. Die Natur ist ein Teil von dir. Schenke heute deiner inneren Natur Aufmerksamkeit, indem du auf deine natürlichen Bedürfnisse achtest und sie angemessen erfüllst. Beachte die Bedürfnisse deiner natürlichen Umwelt und gib ihr das, was sie braucht im Rahmen deiner Möglichkeiten.

Fragen: Was kann dir dabei helfen, heute mehr auf deine natürlichen Bedürfnisse zu achten? Welche Bedürfnisse deiner natürlichen Umgebung nimmst du wahr?

Sind es die Blumen, die gegossen werden möchten, das Altglas, das du zum Container bringen kannst oder ist es einfach die Liebe und Aufmerksamkeit, die du der Natur entgegenbringst?

340 Der Weg des Vertrauens 06. Dezember

Engel des Vertrauens: Ich sende dir ein warmes Altrosa. Damit umhülle ich dich wie mit einer warmen Decke. Fühle meine liebevolle Umarmung. Ich hülle dich ganz ein in diesen warmen, altrosafarbenen Ton, der dir Geborgenheit schenkt, sodass dein Körper sich erholen kann.

Ich hülle dich immer wieder neu in diese beruhigende Farbe meines Segens. Sie hilft dir, wieder bei dir selbst anzukommen und deinen Weg der Heilung Schritt für Schritt zu gehen. Beginne damit, Vertrauen zu dir selbst zu schaffen und sprich:

Voller Vertrauen gehe ich Schritt für Schritt den Weg meiner Heilung. Ich habe Vertrauen, dass immer der rechte Mensch an meiner Seite sein wird, der mich begleitet und der mich unterstützt.

Vielleicht ist es nicht immer der Mensch, den du dir wünschst. Doch Hilfe ist immer da. Geh den Weg des Vertrauens.

341 Weg der Liebe 07. Dezember

Nimm den Weg der Liebe, indem du dein Leben aktiv gestaltest. Die Vorstellungen deiner Mitmenschen müssen nicht deine sein. Bleibe auf dem Weg deiner Erfüllung.

Verwirkliche dein Glück Schritt für Schritt wie einen blühenden Garten um dich herum. Erlebe dich als eine wunderschöne Blüte, die das anzieht, was sie braucht.

342 Drei silberne Achten   **08. Dezember**

Wir Engel bringen dich in einen heilsamen Rhythmus, denn deine Seele wünscht sich einen Ausgleich zwischen Spannung und Entspannung, Aktivität und Passivität, linker und rechter Seite sowie Oben und Unten. Es schwingt jetzt eine liegende silberne Acht aus der Mitte deines Körpers in deine Aura ein und bringt dich wieder in eine Balance zwischen linker und rechter Seite. Sie schwingt weit in den Raum, der sich rechts und links neben dir befindet und wird dabei so groß, dass sie sich weit über deinen Kopf ausbreitet und durch den Boden unter dir.

Wir schenken dir eine zweite liegende silberne Acht, die aus der Mitte deines Körpers deine Vorder- und Rückseite in eine neue Balance bringt. Sie verbindet den Raum, der hinter dir liegt mit der vor dir liegenden Weite.

Nun beginnt eine dritte aufrechte silberne Acht in deiner Aura aufzuleuchten. Sie bringt dich in einen Ausgleich zwischen Unten und Oben, indem sie in den Boden unter dir hineinschwingt und über deinen Kopf hinaus.

Wir Engel vergrößern diese drei Achten und verbinden dein gesamtes Energiesystem mit dem reinsten kosmischen Licht. Erlebe, wie du dich weit über deine körperlichen Grenzen hinaus ausdehnst, bis du an ein leuchtendes vibrierendes Licht angeschlossen bist, durch das die kosmische Liebe zu dir strömt.

343 Weise Entscheidung   **09. Dezember**

Weise Entscheidungen entstehen, wenn die höhere Perspektive des Herzens sich mit der kindlichen und reinen Liebe des inneren Kindes verbindet. So entsteht Weisheit, die eine tätige Liebe ist. Die Weisheit der Tat tut allen Beteiligten gut, weil sie auf wirklich guten Entscheidungen gründet.

Anregung: Hast du eine Entscheidung zu treffen, lass einen Dialog zwischen deinem Herzen und deinem inneren Kind entstehen. Zu welcher Entscheidung kommst du?

344 Anstrengungslos   **10. Dezember**

Engel des Lösens: Lass deine Anstrengungen los, denn heute darf das geschehen, was ohne Willens- und Krafteinsatz in deinem Leben erblühen möchte.

Anregung: Gib deine Bemühungen auf, ein bestimmtes Ergebnis erzwingen zu wollen. Werde dir heute ab und zu bewusst, was in dir und um dich herum gedeiht oder bereits gewachsen ist.

345 Engelgeschenke   **11. Dezember**

Wir Engel sehen deine Sehnsüchte und Bedürfnisse, auch wenn du sie gegenüber deinen Mitmenschen hinter einer Fassade der Stärke versteckst.

Wir sehen dich mit allem, was dein Herz berührt und belastet. Wir schenken dir ein Pflaster des Trostes, wenn du es brauchst. Wir wärmen dir deinen Rücken, wenn du Stärke benötigst. Und zu guter Letzt hauchen wir dir Mut ein, das Leben zu führen, das du möchtest.

Bist du bereit, unsere Geschenke anzunehmen?

346 Selbstliebe aktivieren   **12. Dezember**

Engel der Liebe: Wenn du es dir wünschst, sende ich dir einen rosafarbenen Segensstrom vom Himmel. Er fließt durch deinen Scheitel in deinen Kopf und durchströmt von dort aus deinen ganzen Körper. Lass ihn durch dich hindurchströmen bis durch die Füße in die Tiefe der Erde hinein.

Möchtest du dich für die Liebe zu dir selbst öffnen, spüre in den Raum deines Herzens. Visualisiere hier eine Rosenknospe, die sich langsam öffnet. Auf diese Weise öffnest du dich für dein höchstes Potenzial der Liebe zu dir selbst. Erlebe dich im Strömen deiner Liebe.

347 Zartes Zusammensein 13. Dezember

Engel der fürsorglichen Liebe: Lieber Mensch, ich bin dir nahe. Du kannst dich für meine Liebe öffnen und für unser zartes Zusammensein. Lass uns die Hände reichen und unsere Zeit miteinander genießen. Spüre, wie ich dich halte und nimm wahr, wie du meine Hände hältst. Mein Engelherz strahlt eine zarte Liebe zu dir, mit der ich dich sanft umfange.

Vielleicht bist du nach einer Weile bereit, dein Herz mir gegenüber zu öffnen. Dadurch kann alles Belastende, was in deinem Körper und in deinen Gedanken festsitzt, abfließen. Dein innerer Druck darf sich in unserem Kontakt auflösen, sodass es frei und freier in dir wird.

Es gibt im Moment nichts Wichtigeres in deinem Leben, als dich auf eine liebevolle Weise um dein inneres Gleichgewicht zu kümmern.

348 Heilungsimpuls* 14. Dezember

Wir senden dir auch in diesem Augenblick Licht und Liebe bis in alle Ewigkeit. Spüre nun zu einem Körperbereich, der sich eine besondere Aufmerksamkeit wünscht. Dieser Körperbereich hat es verdient, Licht und Liebe auch von dir zu bekommen.

Nicht dein Verstand kann dieses Licht und diese Liebe entwickeln. Sie kann nur aus deinem Herzen strömen. Verbinde dich deshalb mit unserer Liebe und öffne gleichzeitig dein Herz für die Liebe zu dir selbst.

Sende einen sanften Strom der Liebe zu dem ausgewählten Körperbereich, der Zuwendung braucht.

Anregung: Du kannst als Unterstützung deine Hand auf diesem Bereich ruhen lassen.

349 Goldener Selbstwert   **15. Dezember**

Wir Engel laden dich jetzt ein, in deinen goldenen Selbstwert zu tauchen. Wir senden dir dazu einen kraftvollen Lichtstrahl, damit sich ein goldenes Tor in deinem Solarplexuschakra öffnet.

Begib dich mit allen Sinnen durch das Tor nach innen und verweile mit deiner Aufmerksamkeit im Raum deines oberen Bauchs und lass ihn lichtvoll werden. Tauche mit deiner Aufmerksamkeit in das strömende Gold deines Selbstwertes, den Wert, den nur du dir selbst geben kannst.

Lass mit unserer Hilfe deinen Selbstwert noch mehr strahlen, zu Ehren deines Lebens und der Liebe, die du der Welt entgegenbringst. Du bist wertvoll.

350 Jetzt   **16. Dezember**

Es gibt keine Vergangenheit. Es gibt keine Zukunft. Es gibt nur das Jetzt. Im Jetzt leuchten Mensch und Engel gemeinsam durch die Zeit.

351 Lichtsegen   **17. Dezember**

Du bist gesegnet mit Licht. Du bist gesegnet mit Liebe. Du bist gesegnet, weil du dieses Licht und diese Liebe auf die Welt bringst. Je mehr du dich damit anerkennst, desto leichter und intensiver wirst du in unserer Gegenwart heilen.

352 Sternenaufgang   **18. Dezember**

Engel der Nacht: Öffne dich für mein tiefes Blau, dass dir helfen wird, deine kreisenden Gedanken zu beenden und Stille einkehren zu lassen. Eine warme, tröstende Stille kann sich jetzt in deinem Denken ausbreiten. Alles wird ruhig, wenn ich in meinem Nachtblau bei dir bin, in dem die ersten Sterne zu glänzen beginnen.

Schau in den Himmel, der sich wie eine behütende Zeltdecke über dich ausbreitet. Die aufgegangenen Sterne schenken dir das Licht der Hoffnung, in deine eigene innere Stärke zurückzukehren.

Ich bin der Engel der Nacht und ich schenke dir einen meiner schimmernden Sterne. Ich setze diesen Stern in dein Stirnchakra hinein, damit alles in deinem Denken lichtvoll wird, sanft und freundlich. Nimm das freundliche Licht meines Sterns an und erlebe, wie es dein Denken ändert.

353 Ziele verfolgen   19. Dezember

Verfolge deine Ziele und wachse daran. Mach deine Ziele nicht zu klein und nicht zu groß und passe sie immer wieder an deine seelische Entwicklung an. Gestalte sie so, dass du jeden Tag motiviert bist, deinem Ziel mit einem oder zwei kleinen Schritten näher zu kommen. Glaube an dich.

Frage: Wie heißen deine drei wichtigsten Ziele?

354 Lichtblüte   20. Dezember

In der Welt des Lichts ist deine Seele eine Blüte, die den Duft der Heilung verströmt, die Dunkles in Licht transformiert und die Welt beschenkt mit der Schönheit des Heilseins.

Wir Engel freuen uns, wenn du für einen Moment aus den Herausforderungen des Alltags aussteigst und diese Sichtweise mit uns teilst.

355 Spielerisches Zusammensein   21. Dezember

Stehst du zu dir selbst und nimmst dabei deine Stärken und deine Schwächen liebevoll an, kannst du das spielerische Zusammensein mit Frauen oder Männern, die du attraktiv findest, wirklich genießen, ohne dass dein Selbstwert davon abhängig ist.

Wenn du dich liebst, so wie du bist, dann gibt es keine Eifersüchteleien und Konkurrenz mit anderen. Vor allem gibt es kein Abhängigkeitsgefühl zu einem Menschen, den du begehrst.

So kann das zwischen dir und einem dich anziehenden Menschen entstehen, was sich frei entwickeln will. Genieße dein Freisein, das Spiel und deine Lust.

356 Zeit des Rückzugs * 22. Dezember

Nimm dir Zeit, dich zurückzuziehen. Du brauchst einen sicheren Ort, an dem sich deine Seele für ihren göttlichen Ursprung öffnen kann. Lass dich zu Boden sinken, um dich den ruhevollen Kräften der Erde hinzugeben.

So kann dein Körper heilen, während sich deine Seele für höhere Dimensionen des Lichts öffnet, um dort neue Informationen, Kraft und leuchtende Farben aufzunehmen. Genieße die Ruhe und Schwere deines Körpers, während sich deine lichtvolle Seele immer mehr ausweitet in die feinsten Dimensionen.

So erschließt du dir neue Reiche des Lichts, die dich auf allen Ebenen stärken und gesunden lassen.

357 Konflikte lösen 23. Dezember

Heilung ist immer und überall möglich, denn deine Seele möchte, dass dein altes Ich über sich hinauswächst. Orte der Heilung findest du nicht nur in der Meditation oder in der Natur, sondern überall in deinem Alltag, wenn du beginnst, deine Konflikte zu lösen. Wir Engel bereiten dir den Weg.

Frage: Welchen Konflikt möchtest du heute lösen?

358 Raum der Geborgenheit   **24. Dezember**

Engel der Geborgenheit: Lege beide Hände auf deinen Bauch unterhalb deines Bauchnabels, sodass du die Bewegungen deines Atems spüren kannst.

Wir bitten dich, deine Aufmerksamkeit in deinen Bauch zu ziehen, während wir gleichzeitig unser ruhiges, friedliches Engellicht um dich herum ausbreiten.

Wir senden dir ein solches Licht auch in deinen Bauch, damit auch hier Ruhe und Frieden einkehren kann und du Geborgenheit in deiner Mitte erfahren kannst. Bist du mit anderen Menschen in Kontakt, sprich aus deinem inneren Raum der Geborgenheit, den du jederzeit für dich öffnen kannst.

359 Goldene Kugel   **25. Dezember**

Engel des goldenen Lichts: Lass deine Gedanken los und öffne dein Bewusstsein für den Augenblick. Nimm das Leuchten in deinem Herzen wahr und das goldene Licht, das wir dir senden. Teile mit uns diesen goldenen Augenblick. Alles ist durchströmt von goldenem Licht in dir und um dich herum.

Wir formen eine Lichtkugel aus durchsichtigem Gold um dich herum, in der du dich frei bewegen kannst. In dieser durchsichtigen, goldenen Kugel kann sich deine Seele in ihrer Zartheit entfalten. So beginnst du in deinem Lebensrhythmus zu pulsieren.

Meine Seele ist zart, ich bin bereit sie zu beachten.
Meine Seele ist empfindsam, ich bin bereit sie dafür zu ehren.
Meine Seele ist verletzlich, ich bin bereit sie zu beschützen.

360 Sich etwas Gutes tun   **26. Dezember**

Wir Engel sehen es so gern, wenn du Dinge tust, die dich in eine gute Stimmung bringen. Bewege dich Schritt für Schritt in dein eigenes Licht, in dein eigenes Wohlergehen und in deine Freude hinein.

Anregung: Warte nicht noch länger, schaffe dir heute einen Raum, um die Dinge zu tun, die dir guttun.

361 Vernünftig sein   27. Dezember

Engel der Vernunft: Vertraue der Vernunft in dir. Vernünftig zu sein heißt in deiner Situation, einem Plan zu folgen, der dir Orientierung und Sicherheit gibt. Geh die Dinge Schritt für Schritt an. Vernünftig zu sein heißt auch, die Verantwortlichkeiten, die aus der jetzigen Situation erwachsen, auf mehrere Schultern zu verteilen.

Du bist nicht allein, nicht nur weil die Engel dir mit Rat und Tat zur Seite stehen, sondern weil auch andere Menschen dir helfen werden, wenn du auf sie zugehst. Vernünftig sein heißt in diesem Fall, gut für dich zu sorgen, sodass die Liebe zu dir selbst sich wieder neu öffnen und dich durchströmen kann.

362 Rhythmen annehmen   28. Dezember

Nimm dich liebevoll an, so wie du dich jetzt fühlst. Wenn du müde bist, nimm deine Müdigkeit gelassen an und kämpfe nicht dagegen. Nimm deine gute Laune nicht zurück, wenn deine Mitmenschen Sorgen haben.

Akzeptiere dich mit deiner Energie, so wie sie ist. Es gibt keinen Berg ohne Tal und kein Tal ohne Berg. Vertraue deinen Rhythmen und erkenne die dahinterliegende Weisheit.

Frage: In welcher Phase des Rhythmus befindest du dich jetzt?

363 Vertrauen in die Lösung   29. Dezember

Lieber Mensch, im Moment ist es für dich wichtig, dass du auf eine gute Lösung vertraust. Um zu dieser Lösung zu gelangen, brauchst du Achtsamkeit.

Nimm wahr, ob die Lösung nicht schon in einem Gespräch aufkommt oder ob dich eine bestimmte Information auf eine neue Idee bringen kann. Achte auf deine Ideen beim Aufwachen am Morgen.

Mit unserer Hilfe rufst du die Informationen noch leichter in dein Leben, die du brauchst, um dein Problem zu lösen. So ergibt sich ein Weg, der dich wieder in die vollkommene Balance zurückführen wird.

364 Warm und wohlig   **30. Dezember**

Öffne dich für deine tiefe Liebe und lass sie über dein Herzchakra abwärts strömen durch die Füße nach unten. Verbinde dich mit der Wärme der Mutter Erde und mit ihrer Geborgenheit.

Öffne dich für die wohltuenden Kräfte der Erde und lass sie in dich einfließen. Lass sie um dich herumströmen und noch über deinen Kopf hinaus in den Himmel aufsteigen. So wird ein wunderbar wohliger Raum um dich herum geschaffen. Lass es warm und wohlig in dir werden.

365 Licht, Licht, Licht *   **31. Dezember**

Wir Engel sind Boten des Lichts. Mit unseren lichtvollen Händen streichen wir liebevoll durch deine Aura. So erleichtern wir dir den Weg, dich von deinen Alltagssorgen zu lösen, sodass nach einer Weile die Belastungen auf deinen Schultern leichter werden können.

Kleine Lichtkugeln lassen wir durch dein Energiefeld schweben, die dich von allen Sorgen befreien. Licht, Licht, Licht. Spüre unsere Kraft.

Öffne dich mit uns für die Leichtigkeit des Seins, denn wir möchten gern, dass dein Leben wie ein Tanz voller Energie und Leichtigkeit wird. Licht, Licht, Licht ist auch dein Wesen. Mit Licht, Licht, Licht bist du gesegnet.

Ausblick

*Ich bin die Harfe
auf der mein Engel spielt
Klänge des Lichts
fließen durch alle Räume
meines Lebens*

*Im heller werdenden Licht
schwinge ich immer höher
bis mich feinste Farben
und hellste Klänge durchschweben*

*Mutter Erde
für deine Heilung
spiele ich dieses Lied
zu deiner Ehre und Freude.*

Alphabetische Übersicht

Thema	Seite
Abgrenzung	132
Achte auf dein Wohl	42
Achtsamer Umgang	112
Achtsamkeit	32
Alles ist neu	98
Alterslos	30
Am sicheren Ufer	97
Anmut	96
Annehmen können	119
Anstrengungslos	157
Arbeitsteilung	108
Aufbruch	51
Aus dem Selbstwert handeln	88
Aus dem Traum erwachen	94
Aus Sicht der Engel	137
Balance der Elemente	147
Balsam für die Seele*	51
Bedingungslose Liebe	62
Begegnungen	130
Behaglichkeit	110
Belastungen lösen	59
Belastungssteine lösen*	21
Beruhigung*	72
Bewährungsprobe	104
Bleibe liebend	93
Blick ins Tal	104
Blickrichtung	61
Chancen ergreifen	37
Dank der Engel	75
Das Ende der Überforderung	126
Das Feuer hüten	134
Das goldene Kind	144
Das innere Kind schützen	71
Das innere Kind stärken	139
Das Kostbare	20
Das Leben gestalten*	18
Das Neue ins Leben lassen	87
Das Tor zum Glück	29
Dasein	71
Dein bestes Leben	83
Dein Lächeln	54
Dein Wohlergehen	22
Deine Schönheit	65
Deine wahre Natur	97
Deine weibliche Seite	106
Delfinenergie	59
Dem Bauchgefühl folgen	126

Den Herzenswunsch manifestieren*	85	Die Kraft des Nein	41
Den Körper entlasten	47	Die Lichtebene	154
Den Krafteinsatz verringern	151	Die Liebe der Mutter Erde*	17
Den Tag versüßen	37	Die Liebe ist ein Geschenk	105
Der beste Schutz	136	Die Schönheit der Welt	151
Der Glückskörper	109	Die schönste Vision	143
Der Kampf ist vorbei	113	Die Seele liebt den Körper	127
Der lange Weg zur Ganzheit	80	Die Selbstliebe vertiefen	136
Der Raum des Dazwischen	81	Die Sicherheit des Hier und Jetzt	117
Der Raum des menschlichen Maßes	147	Die violette Flamme*	19
		Drei Diamanten	146
Der Reichtum der Gefühle	153	Drei silberne Achten	156
Der Ruf	82	Drei Spiegel	92
Der Schlüssel	132	Durch die Tür gehen	57
Der Seele Raum geben	98	Durchstrahlt	123
Der Weg des Vertrauens	155	Ein Ass auf der Hand	33
Der Weg zum großen Frieden	79	Ein glücklicher Tag	105
		Ein großer Trost	56
Der Wert der kleinen Schritte	119	Ein Kind der Liebe	68
		Ein Lichtband legen	125
Diamant	16	Eine schöne Zukunft	54
Diamantene Lichttropfen*	86	Energetisch reinigen*	85
		Energetische Nahrung	66
Die eigene Heilkraft zulassen	73	Engel unterstützen dich	15
		Engelgeschenke	157
Die eigene Stärke erkennen	83	Entlastung erhalten*	66
		Entscheidungen treffen	113
Die Engel der Eltern	145	Entscheidungsfrei	36
Die Feinheit pflegen*	48	Erfolgssegen	134
Die Freiheit zu lachen	129	Erkenne, wer du bist	143
Die Goldene Acht*	100	Erneuerung	69
Die Grundlage des Selbstwerts	37	Erreichtes und Erlöstes	92
Die Kraft der Natur	136	Erschöpfung heilen	18
		Evolutionäre Kräfte	56

Falschen Stolz loslassen	95	Grenzen beachten	24
Farben des Lebens	78	Grenzen der Verantwortung	95
Feines Hören	104		
Feinheit erleben	55	Große Engelhände	124
Fliederduft	70	Große Liebe	49
Frei im Selbstausdruck	153	Grün-goldener Segen	133
Frei von Belastungen*	79	Grün-goldenes Licht	149
Freie Entscheidung	72	Guter Rat	92
Freiheit der Entscheidung	133	Halleluja	127
		Hand in Hand	75
Freiheit tanzen	61	Harmonie mit anderen	36
Freiheitsräume	130	Heilende Kraft	38
Freude am Erreichen	62	Heilende Töne*	50
Freude an der Leistung	107	Heilige Hochzeit*	85
Freude an der Ordnung	127	Heiliger Klang	77
Frieden ausatmen	125	Heiliger Rhythmus	111
Frieden schenken*	24	Heiliger Tempel*	110
Frieden und Freude	109	Heilung durch Ruhe*	60
Friedvoll	86	Heilung ist möglich	150
Fülle erleben	22	Heilungsbereitschaft	58
Gegenwärtigkeit	94	Heilungsenergien*	61
Gehalten sein	121	Heilungsfortschritt	43
Geist der Freundschaft	77	Heilungsimpuls	158
Geliebtsein	42	Helfen wollen	123
Geschenke annehmen	57	Herzensentscheidungen	21
Gesegnet sein	56	Herzensgaben	30
Gewinnen	147	Herzenswünsche aussprechen	16
Glück voran	137		
Glückskind*	16	Herzflügel	148
Gnade und Barmherzigkeit	100	Herzresonanz	53
		Herzrose	70
Golddurchtränkt*	135	Hingabe an die Ruhe	131
Goldene Kugel	162	Höchster Heilsegen*	62
Goldene Lichtrose	87	Horchen	74
Goldener Selbstwert	159	Im Einklang	32
Goldenes Licht*	23	Im Geist des Friedens	74
Göttlicher Tanz	34	Im Lichtraum	131

Im Mittelpunkt des Lebens	148	Lichtblüte	160
Im Tempel des Herzens*	65	Lichtkreis	96
		Lichtmensch	65
In der eigenen Macht sein	118	Lichtsegen	159
		Lichtspeer	19
In der goldenen Kathedrale*	43	Lichtvolle Größe	150
		Liebe annehmen	43
In der Kraft sein	105	Liebe dich	55
In Freundlichkeit baden*	18	Liebe ist möglich	131
		Liebe zwischen Himmel und Erde	118
Innere Sammlung	78		
Innere Schätze	45	Liebendes Licht	137
Innere Verwandlung	47	Liebenswert sein	23
Integration des Verstandes	63	Liebevolles Bewusstsein	120
		Locker bleiben	108
Jetzt	159	Loslassen und vertrauen	29
Kleine Kurskorrekturen	141	Manifestation*	50
Komm ins Jetzt	134	Maßhalten	34
Konflikte lösen	161	Meisterinnengeist/ Meistergeist	69
Königliches Sein	129		
Konzentration auf ein Thema	82	Mit Leichtigkeit	22
		Mitfühlender Segen	55
Körperliche Bewegung	23	Mut	17
Kraft der Visualisierung	31	Mutter Erde und Vater Himmel*	38
Kraft des Lebens	57		
Kraftgewinn	46	Neubeginn	31
Kreativer Quell	135	Neue Kraft*	42
Kriegerin/Krieger sein	122	Neues Gleichgewicht	73
Krone des Herzens	91	Nicht kämpfen	121
Lebensbaum	24	Nicht-Handeln	53
Lebensgeschenk	123	Öffne deine Sicht	48
Lebensmotto	87	Öffne dich	143
Leid durch Liebe lösen	124	Ohne Überblick	46
Licht der Herzheilung	142	Optimismus	46
Licht und Liebe	119	Ordnende Stille	103
Licht, Licht, Licht	164	Orte des Herzens	132
		Partnerschaft leben	41

Perfekter Bauplan	117	Sich der Stille	
Perlen ans Licht bringen	68	anvertrauen	42
Persönliche Autonomie	144	Sich etwas Gutes tun	162
Pokal der Liebe	67	Sich geliebt fühlen	142
Prinzip der Fülle	130	Sich neu für die	
Prinzip der Leichtigkeit	49	Liebe öffnen	47
Radikale Anerkennung	61	Sich reinigen lassen	39
Raum der Geborgenheit	162	Sich selbst Sicherheit	
Raum der Klarheit	145	geben	30
Regenbogenlicht*	35	Sich selbst vergeben*	83
Reise zu den Sternen-		Sich von Sorgen lösen	138
geschwistern*	33	Sich zeigen	38
Rhythmen annehmen	163	Silbermond*	118
Rosa Flamme	51	Sonnenkugel*	20
Rosafarbenes Lichtfeld	99	Sonnenseite	150
Rückkehr ins Vertrauen	150	Sorgen übergeben	114
Ruhe genießen	124	Spielerisches Zusammen-	
Ruhepausen	15	sein	160
Sage Ja	99	Spirituelle Medizin	122
Sanfter Wille	92	Spontanheilung	32
Schaffensfreude	46	Sprich über deine	
Schönes Nichtstun	154	Stärken	54
Seelensturm	35	Stabile Grenzen	67
Segen der Schöpfung	148	Stärken und Schwächen	20
Segen des Ahnenfelds	112	Sternenaufgang	159
Segen in der Nacht	111	Strahlendweißes	
Segen spenden	82	Lichtatmen*	122
Sei kein Engel	133	Strom der göttlichen	
Selbstannahme	71	Liebe*	50
Selbstbestimmung	133	Strom der Liebe	87
Selbstfürsorglichkeit	34	Strom des Seins	96
Selbstgenügsamkeit	111	Tatsachen	149
Selbstliebe aktivieren	157	Tauchen	126
Selbstliebe schützt	110	Teil der Natur	154
Sexuelle Lust	136	Teil eines Netzwerks sein	58
Sich als Lichtbaum		Tiefer blicken	84
erleben*	107	Triff eine guteEntscheidung	58

Tröstend	100	Weg in die Lebensfreude	84
Über die Schwelle schreiten	97	Weg in die Zukunft	96
		Weise Entscheidung	156
Überall	69	Weisheit des Herzens	78
Überforderung erkennen und lösen	25	Weitblick genießen	74
		Werde milde	22
Überraschung	106	Willkommen im Augenblick	103
Umgang mit Konflikten	138		
Unerforschtes Gelände	120	Wohlsein	44
Unsichtbarer Schutz	73	Wunder des Wandels	146
Unterscheidungsfähigkeit	148	Wünsche erfüllen	45
Unterstützung	81	Wünsche sind wie Edelsteine	26
Verbindung mit den Lichtreichen*	25		
		Zarte Engelhände*	44
Verbundene Herzen*	73	Zarter Schutz	109
Vernünftig sein	163	Zartes Zusammensein	158
Versorgt sein	94	Zärtliches Herz*	36
Versprechen	93	Zärtlichkeit	106
Vertraue	53	Zeit des Rückzugs*	161
Vertraue deinem Weg	99	Zeit für Ruhe	98
Vertrauen in die Lösung	163	Zentriere deine Kraft	70
Vertrauen ist möglich	45	Ziele verfolgen	160
Vertrauensbildung	138	Zu lieben	72
Vertrauenspflänzchen	113	Zuhause	107
Vertrauensweg	91	Zur Tat schreiten	95
Vibrierende Lebensenergie	60	Zuversicht	80
Violett der Stille	149	Zweifache Verwurzelung	141
Voller Hoffnung*	80		
Vollkommene Regeneration	93		
Vorfreude	68		
Wachsen in die eigene Größe	37		
Wahrheit des Herzens	20		
Warm und wohlig	164		
Warmer Rücken	120		
Warmherzige Richtung	151		
Weg der Liebe	155		

Liebe Leserin, lieber Leser,

gerne können Sie der Autorin Ihre Engelerlebnisse mitteilen. Nutzen Sie dazu die Kommentarfunktion des Blogs Spirituelle Welten, den Sie unter www.lichtdiamant-verlag.de finden. Dort können Sie auch Fragen zu Engeln an die Autorin richten.

Besuchen Sie uns bei Facebook:
www.facebook.com/LichtdiamantVerlag

Engelbotschaften erhalten Sie auf **www.twitter.com/HundertelfEngel**.

Lichtdiamant-Verlag
Geschenke für die Seele

Engelbücher

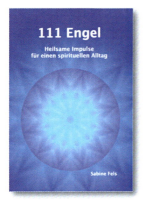

iBooks und Fotobände

CD´s

Engel- und Erzengelnotizbücher

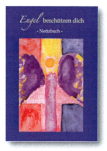

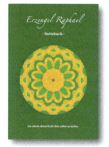